Dino
VERLAG

Ashley Lindisfarne

HINTER GITTERN
der Frauenknast

Die Geschichte der Susanne Teubner

Die Deutsche Bibliothek – CIP-Einheitsaufnahme

Lindisfarne, Ashley:
Hinter Gittern / Ashley Lindisfarne. - Stuttgart : Dino-Verl.
   (RTL-Buchedition)

   Bd. 1. Die Geschichte der Susanne Teubner. - 1998
   ISBN 3-932268-88-1

*Dieses Buch wurde auf chlorfreiem,
umweltfreundlich hergestelltem
Papier gedruckt.*

Ganz besonders herzlichen Dank für die tatkräftige
Unterstützung an Anja Schierl, Redakteurin für „Hinter Gittern"
bei RTL.

© 1998 by Dino Verlag GmbH,
Rotebühlstraße 87, 70178 Stuttgart
Alle Rechte vorbehalten
© Serien- und Senderlogo by RTL Television Merchandising/Licensing
& Grundy UFA 1998
Das Buch wurde auf Grundlage der RTL-Serie „Hinter Gittern –
der Frauenknast" verfasst.
Mit freundlicher Genehmigung von RTL
Fotos: Stefan Erhard
Umschlaggestaltung Thilo Bauer – Holger Stracker, Stuttgart
Satz: Satz & Layout Studio Essig, Weisenbach
Druck: Elsnerdruck, Berlin
ISBN 3-932268-88-1

Erster Teil

1

„Staus und Behinderungen auf der gesamten Kantstraße in beiden Richtungen", meldete der Verkehrsfunk, „ebenso um den Theodor-Heuss-Platz, auf dem Kaiserdamm..."

Susanne drehte energisch den Ton leiser, bis nur noch ein leises Gemurmel zu verstehen war. „Das ist ja wieder mal bestens", schimpfte sie leise vor sich hin. „Aber ich bin ja selber schuld, wenn ich mit dem Auto fahre." Sie stand bereits mitten im Stau, da halfen die Warnungen des Radiosenders auch nichts mehr. Es war Donnerstagnachmittag, und der Berufsverkehr hatte eingesetzt.

Normalerweise bewegte sich die junge Studentin nur mit den U- oder S-Bahnen durch Berlin, aber weil sie gerade heute besonders in Eile war, hatte sie das Risiko mit dem Auto auf sich genommen. Außerdem wollte sie nicht die vielen Bücher mit sich herum schleppen.

Susanne war auf dem Weg zu ihrer Studienkollegin Melanie. In zwei Wochen stand eine Zwischenprüfung an, und die beiden jungen Frauen wollten den Stoff zusammen lernen. Leider hatte Susanne wieder einmal nicht auf die Zeit geachtet, was sich jetzt rächte. Melanie hasste es, wenn man auch nur eine Minute zu spät kam.

Bei den Autos ganz vorne gingen nacheinander die Bremslichter aus – ein gutes Zeichen. Kurz darauf kam der Verkehr tatsächlich langsam ins Rollen. Susanne atmete auf. Vielleicht schaffte sie es doch noch, wenn es jetzt einigermaßen zügig voranging. Dann blieben ihr wenigstens Melanies Vorhaltungen erspart; darauf konnte sie nach diesem anstrengenden Tag nämlich verzichten. Sie hatte den größten Teil des Tages in der Bibliothek verbracht und wollte auf dem Nachhauseweg nur schnell ein paar Lebensmittel einkaufen. Dummerweise musste sie dann auch noch an der Kasse anstehen...

Schließlich hatte es auch noch zu regnen angefangen. Es war ein richtig trüber und unangenehmer Novembernachmittag. Verständlich, daß so etwas natürlich gewaltig auf die Stimmung drückte.

Susanne trat die Kupplung durch, legte behutsam den Gang ein und gab Gas, während sie das Kupplungspedal langsam kommen ließ. Es war nicht einfach, ihr betagtes Gefährt zum Anfahren zu bewegen. Es streikte in letzter Zeit immer öfter. Und auch diesmal blieb der jungen Frau nichts erspart. Der altersschwache Polo machte einen Satz nach vorn, kämpfte sich ruckelnd und spotzend noch zwei Meter weiter und blieb dann abrupt stehen, als der Motor endgültig abstarb.

„O nein!", rief Susanne verzweifelt. Die Autos hinter ihr begannen bereits zu hupen. Verzweifelt betätigte Susanne den Zündschlüssel. Im Seitenspiegel sah sie, dass der Fahrer hinter ihr wie das berühmte HB-Männchen aus seinem Wagen sprang und etwas von „Typisch Frau am Steuer!" zeterte. Dann hörte sie noch: „Die sind sowieso alle zu blöd zum Autofahren und würgen andauernd den Motor ab."

Der aufkeimende Groll machte Susanne nur noch nervöser. Sie fummelte hektisch am Zündschloss und trat Kupplungs- und Gaspedal gleichzeitig. Doch der Polo gab nur spotzende Protestgeräusche von sich und sprang erst recht nicht an.

Der Mann meckerte unterdessen weiter. Schließlich hatte Susanne genug. Sie kurbelte das Fenster herunter und streckte den Kopf heraus. „Anstatt andauernd blöde Macho-Sprüche von sich zu geben, könnten Sie mir doch auch helfen!", schrie sie nach hinten. „Der Wagen ist nun mal alt und nicht mehr sehr zuverlässig!"

„Dann kauf dir doch 'nen neuen!", brüllte der Mann zurück und stieg wieder in seinen BMW, bevor der Regen ihn völlig durchweichte.

„Das ist... das ist doch nicht zu fassen", stotterte Susanne wutentbrannt. Ihr apartes Gesicht mit den großen dunklen Augen war von einer tiefen Röte überzogen. „Und dann hilft er mir nicht mal!" Sie kurbelte das Fenster wieder hoch, legte die Hände aufs Lenkrad und atmete tief durch. Es hatte absolut keinen Sinn, sich aufzuregen, das machte alles nur noch schlimmer. Alte Autos verlangten eben eine sensible Behandlung. Sie drehte noch einmal den Zündschlüssel – und der Polo sprang tatsächlich endlich an!

Susannes Wut war sofort verflogen. Erleichtert gab sie Gas; die Räder drehten auf dem nassen Asphalt durch, aber das war ihr egal. Hauptsache, sie kam endlich wieder vom Fleck!

Die Straße vor ihr war inzwischen weitgehend frei geworden, und alles lief gut bis zur nächsten Ampel. Im Rückspiegel sah sie, dass der Macho dort abbog, und freute sich. Den war sie nun auch los.

Susanne gab kräftig Gas, obwohl die Sicht bei dem strömenden Regen nicht besonders gut war und die Scheibenwischer schlierige Streifen hinterließen. Doch daran war die junge Frau gewöhnt. Sie schaffte es irgendwie, zwischen den Streifen hindurchzusehen – und bemerkte gerade noch rechtzeitig, dass die Autos vor ihr bereits wieder abbremsten, obwohl die nächste Ampel noch fast einen Kilometer entfernt war.

Susanne bremste. Der Polo geriet auf dem nassen Asphalt ins Schleudern, und Susanne hatte alle Hände voll zu tun, um das Auto in der Spur zu halten. Mit verbissenem Gesicht hielt sie das Lenkrad fest umklammert und kam gerade noch in ausreichendem Abstand zum Vordermann zum Stehen.

Der Hintermann schaffte es leider nicht mehr. Bevor Susanne aufatmen und sich beglückwünschen konnte, hörte sie einen dumpfen Krach und spürte gleichzeitig, wie sie unsanft nach vorne geschleudert wurde. Der Sicherheitsgurt straffte sich sofort.

Glücklicherweise war die Aufprallgeschwindigkeit nicht so hoch gewesen, so dass ihr Wagen gerade noch ein paar Millimeter vor der Stoßstange des vorderen Autos zum Stoppen kam.

„Das darf doch nicht wahr sein!", schrie Susanne. „Hat sich denn heute alles gegen mich verschworen?"

Ihr Zorn war von neuem entflammt, und sie sprang aus dem Auto. Hinter ihr war bereits ein junger Mann in ihrem Alter aus einem offenbar fast neuen, dunkelblauen Golf gestiegen und betrachtete kopfschüttelnd den Schaden.

„Sehen Sie sich das an!" Anklagend deutete er auf die eingedrückte Front seines Wagens. „Sie können doch nicht einfach so stehen bleiben!"

Susanne blieb über so viel Unverfrorenheit für einen Moment die Luft weg. Dann schnaubte sie: „Das ist ja wohl die Höhe! Sie fahren mir auf den Wagen und geben mir noch die Schuld?"

„Na, wenn Sie auch so..."

„Augenblick bitte, ja? Sperren Sie erst mal Ihre Augen auf, dann sehen Sie, dass da vorne ein Stau ist! Wenn Sie nicht genug Abstand halten, ist das Ihr Problem!" Susanne gestikulierte heftig. „Hätten Sie denn nicht besser aufpassen können? Wegen Ihnen verpasse ich jetzt einen wichtigen Termin! – Falls mein Auto überhaupt noch anspringt!"

Der junge Mann betrachtete abschätzend den alten Polo. Die Stoßstange war schwer verbeult, und das Blech war an zwei Stellen so eingedrückt, dass der Lack abgesprungen war. Zudem war auch noch ein Bremslicht zerbrochen. Und das war nur der erste Eindruck! „Der wird eine

Reparatur wohl kaum noch wert sein", meinte er wegwerfend.

Susanne stand kurz davor, ihm ins Gesicht zu springen. „Das ist allein Ihre Schuld!", keifte sie. „Meinen Sie, jeder kann sich alle zwei Jahre ein neues Auto leisten? Glauben Sie, mit Ihrem Proleten-Auto, einem glatt gebügelten Anzug und diesem peinlichen Kulturstrick, den Sie da um den Hals tragen, haben Sie die Straße für sich allein gepachtet?"

Der Mann griff sich unwillkürlich an den Schlips und musterte ihn verstört. „Was ist falsch an der Krawatte?"

„Die Farben, das unmögliche Muster, einfach alles!", gab Susanne prompt zurück und griff sich dann an die Stirn. „Worüber reden wir da eigentlich? Geben Sie mir endlich Ihren Namen und Ihre Versicherung, damit wir weiter können! Wir halten ja den ganzen Verkehr auf!"

Das stimmte. Der Stau hatte sich inzwischen zwar etwas aufgelöst, denn es gab noch eine zweite Spur, die den nachfolgenden Autos die Möglichkeit gab auszuweichen. Aber natürlich bedeuteten ihre Fahrzeuge ein zusätzliches Verkehrshindernis.

„Ja, stellen wir die Autos besser an die Seite." Immerhin war ihr „Gegner" in dieser Hinsicht mit ihr einer Meinung. Susanne stieg in ihren Wagen, aber der kleine Polo war jetzt erst recht beleidigt und gab keinen Mucks mehr von sich. Sie musste wieder aussteigen, das Fenster herunterkurbeln und von außen ins Lenkrad greifen, während sie schob. Glücklicherweise gab es hier Einbuchtungen, in denen das Parken zwar verboten war, aber wenigstens war der Wagen aus dem Weg. Und es gab sogar genügend Platz für zwei Autos.

Der junge Mann half ihr beim Schieben. Susanne blieb bei ihrem Wagen, bis auch der Golf aus dem Weg gefahren war.

„Ich mache Ihnen einen Vorschlag", sagte jetzt ihr Unfallgegner, als er wieder ausgestiegen war. „Sehen Sie das Café dort? Wir könnten uns dort hinein setzen und alles in Ruhe regeln."

„Wie bitte?", fragte Susanne empört. „Wie käme ich denn dazu?"

Der junge Mann lächelte auf einmal. „Nun ja, ehrlich gesagt will ich mich entschuldigen... ich habe mich wohl etwas daneben benommen."

„Allerdings!"

„Und Sie wirken sehr aufgeregt. In dieser Verfassung sollten Sie auf keinen Fall weiterfahren. Nicht dass noch etwas Schlimmeres passiert. Von dem Café aus können Sie Ihren Termin absagen, den Abschleppdienst anrufen... was auch immer nötig ist."

Susanne schwieg. Allmählich normalisierte sich ihr Herzschlag wieder, und sie nahm sich die Zeit, ihren Unfallgegner genauer in Augenschein zu nehmen.

Sie stellte fest, dass er gar nicht übel aussah. Er war groß, das war sehr angenehm, denn Susanne hatte oft das Problem, mit ihren einsachtundsiebzig einen Mann zu finden, der selbst dann, wenn sie Schuhe mit Absätzen

13

trug, nicht kleiner war als sie. Der zweireihige Anzug saß wie angegossen. Möglicherweise maßgeschneidert. Seine Figur war schlank. Ein richtiger Kleiderständer, wie man so schön sagte. Die Krawatte allerdings war wirklich abscheulich, vermutlich ein Weihnachtsgeschenk einer allein stehenden Verwandten. Doch das Gesicht tröstete darüber hinweg – es wirkte offen und freundlich, vielleicht etwas zu blass, aber so sah man im November eben aus, wenn die Urlaubsbräune schon lange vergangen und man kein Anhänger von Solarien war. Dichte, dunkelblonde Haare, korrekt gekämmt. Einheitshaarschnitt. Graue, ein wenig verträumte Augen.

„Hol's der Teufel", dachte Susanne erstaunt. „Der Kerl ist mir doch nicht etwa sympathisch?"

Er lächelte. Susannes Zögern deutete er positiv. „Also, was ist?"

Susanne hob die Schultern. „Okay", gab sie nach.

Immerhin hatte er ihren Wagen demoliert. Da war es nur recht und billig, dass er sie wenigstens zu einem Kaffee einlud. Ein kleines Trostpflaster an diesem miesen Tag.

„Freut mich!", sagte er und schien es tatsächlich so zu meinen. Susanne zuckte zurück, als er ihr unerwartet schwungvoll seine Hand entgegenstreckte. „Mein Name ist übrigens Klaus Teubner."

„Susanne Vohl", stellte sie sich vor. Sie drückte seine Hand nur kurz und stellte mit einem schnellen Blick fest, dass er keinen Freundschafts- oder gar Ehering trug. Nur einen breiten, goldenen Siegelring am linken Ringfinger.

Plötzlich fiel ihr noch etwas ein. „Ich hinterlasse lieber einen Hinweis an meinem Auto, sonst bekomme ich noch einen Strafzettel", sagte sie.

„Eine gute Idee", stimmte er zu.

Bald darauf saßen sie an einem kleinen Zweiertisch in dem Café. Susanne hatte Melanie angerufen, die recht ungehalten geklungen hatte. Das Lernen fiel damit für heute aus, aber ein einziger Abend war schließlich nicht so schlimm. Ein wenig Zeit bis zur Prüfung blieb ja noch, und Susanne hatte ohnehin keine Lust mehr zum Pauken.

Im Café verlangte Susanne erst einmal die notwendigen Auskünfte von Klaus Teubner, bevor sie eine Bestellung aufgab. Für eine Weile saßen sie sich etwas verlegen gegenüber und wussten nicht so recht, was sie reden sollten.

Susanne hatte sich inzwischen beruhigt, aber der Schaden an ihrem Auto beschäftigte sie immer noch. Wenn sich die Reparatur tatsächlich nicht mehr lohnte und von der Versicherung nur wenig zu holen war – woher sollte sie das Geld für ein Ersatzfahrzeug nehmen?

„Das ist ein ziemlich unglücklicher Beginn für eine Begegnung", sagte der junge Mann schließlich. „Es tut mir Leid, dass ich nicht aufgepasst habe. Aber ich kann es auch nicht mehr rückgängig machen."

„So was passiert schon mal", erwiderte Susanne achselzuckend. „Ist eben nicht mein Tag heute."

Nachdem sie festgestellt hatten, dass sie beide erst Anfang 20 waren, hatten sie das förmliche „Sie" schnell aufgegeben. „Hör mal", fuhr Klaus zögernd fort, „ich könnte dir vielleicht bei der Reparatur helfen."

Susanne sah ihn zweifelnd an. „Ach ja? Wie denn?"

„Nun, ich kenne jemanden, der sich auf solche Sachen spezialisiert hat – zu echt günstigen Preisen", antwortete Klaus. „Das Geld von der Versicherung wird dafür sicher reichen. Ich glaube nicht, dass irgendwelche tragenden Teile beschädigt sind, es ist sicher nur ein Blechschaden. Dein Auto wird hinterher zwar nicht wie neu aussehen, aber immerhin wieder fahrtüchtig sein."

„Ich weiß nicht so recht...", zögerte Susanne.

„Traust du mir etwa nicht?"

„Natürlich, ich kenne dich doch gar nicht!"

Klaus rührte in seiner Tasse. „Ich meinte ja nur. Ich kenne mich schließlich mit solchen Problemen aus."

Susanne hob die dunklen, perfekt geschwungenen Brauen. „Du? Mit deinem maßgeschneiderten Auto und Anzug? Wie denn das?"

Klaus ging nicht auf die Provokation ein. „Ich arbeite in einer Bank", erklärte er schlicht. Er lehnte sich in dem Stuhl zurück. „Ja, es stimmt, ich bin vom Leben begünstigt. Meine Mutter hat Geld, sie ist zwar nicht vermögend, aber es reicht für einen angenehmen Lebensstandard. Ich habe meine Banklehre mit gutem Erfolg absolviert und bin dabei, die Karriereleiter hinaufzuklettern. Ich betreue die Kunden derzeit noch am Schalter, und da habe ich mit vielen Leuten zu tun, die die unterschiedlichsten Probleme haben."

„Wenn du dafür offen bist – umso besser", versetzte Susanne. „Offen gestanden, mir geht es auch nicht schlecht. Ich muss nur ein wenig rechnen, das ist alles. Ich habe mit 18 das Abitur gemacht und studiere im dritten Semester für das Lehramt an Grundschulen. Ich bin durch die Zentrale Vergabestelle hierher nach Berlin gekommen, geboren bin ich aber in Dortmund. Meine Eltern leben da immer noch. Ich bin hier im Wohnheim sehr gut untergebracht – mein Zimmer hat 20 Quadratmeter und ein kleines Bad. Mit dem BAFöG und ein paar Jobs komme ich ganz gut über die Runden." Sie verschränkte die Finger ineinander und lächelte. „Nun kennst du schon mein ganzes Leben."

„Wie bist du auf das Lehramt gekommen?", fragte Klaus interessiert.

„Ich liebe die Arbeit mit Kindern. Ich wollte schon immer Lehrerin werden, aber nur für die Grundschule. Weißt du, die ersten beiden Jahre sind für die Entwicklung sehr wichtig, und ich fühle mich einfach dazu berufen, diesen Job zu machen. Ist die Arbeit in einer Bank dein Traumberuf?"

Susanne bemerkte erstaunt, dass seine Miene sich plötzlich verschloss. Auf seiner Stirn erschien eine dünne Furche.

„Ach, weißt du, die Schule lag mir nicht so sehr", antwortete Klaus und lachte etwas gekünstelt. „Immerhin habe ich auch bis zum Abitur durchgehalten, aber ein Studium – nein danke. Meine Mutter hat mir das mit der

Bank vorgeschlagen, und weil sie gute Beziehungen hatte, habe ich gleich eine Lehrstelle bekommen. Das ist nicht schlecht, und etwas Besseres ist mir nicht eingefallen."

„Das geht vielen in diesem Alter so", stimmte Susanne zu. „Wie soll man mit 18 denn schon wissen, was man will? Man fängt doch erst an, sich auf eigene Füße zu stellen und hat noch nicht die geringste Ahnung von all den Möglichkeiten, die es beruflich so gibt. Die Schule ist da kaum hilfreich. Ich finde, dass man in der Schule viel zu wenig auf die Zukunft vorbereitet wird."

„Das stimmt. Nicht umsonst üben die Wenigsten später den Beruf aus, den sie erlernt haben. Das finde ich allerdings nicht dramatisch, manchmal erkennt man seine Neigungen erst sehr spät. Ich finde es sehr wichtig, flexibel zu sein."

„Ja, vor allem, wenn man den kleinen Abc-Schützen beibringen muss, für ein paar Stunden still zu sitzen!" Susanne warf den Kopf zurück und lachte. Dabei schüttelte sie ihre gelockte braune Haarmähne, die ihr ebenmäßiges Gesicht, das eine große Stärke und Ruhe ausstrahlte, schmeichelnd umfloss.

Als ihre Blicke sich trafen, bemerkte sie ein seltsames Licht in seinen Augen, das sie anrührte. Verwirrt strich sie einige letzte widerspenstige Strähnen aus der Stirn.

„Ich finde es sehr nett, mit dir hier zu sitzen", sagte Klaus schließlich, als sich das Schweigen in die Länge zog.

„Geht mir auch so", gab Susanne zu, „obwohl die Umstände nicht besonders glücklich waren."

„Nun, es ist ja nur ein Blechschaden, und der kann behoben werden. Ich werde alles dafür tun, Susanne, schließlich bin ich ja auch schuld daran."

„Schön, dass du das jetzt einsiehst."

„Trägst du mir das immer noch nach?"

Susanne lächelte. „Nein. Immerhin hast du dich ja entschuldigt. Ich hab vielleicht auch ein bisschen überreagiert, aber das geht schon den ganzen Tag so. Demnächst steht nämlich meine Zwischenprüfung an, und das macht mich allmählich immer nervöser."

„Und was hast du heute noch vor?"

„Na ja, erst mal muss ich den Wagen hier wegbringen... und dann... mal sehen..."

Klaus machte eine wichtige Miene. „Ich habe eine Idee!", verkündete er. „Ich rufe in der Werkstatt an, von der ich dir erzählt habe, dass sie den Wagen abschleppen. Die Kosten werden natürlich direkt mit der Versicherung abgerechnet. Wenn das erledigt ist, fahre ich dich nach Hause, oder..."

Susanne hob die Brauen. „Oder?"

„Wir gehen zuerst noch woandershin... essen oder vielleicht ins Kino?" Klaus senkte leicht den Kopf und sah sie schüchtern von unten herauf an.

Susanne lachte. „Gehst du immer so ran?" Entzückt sah sie, dass er errötete. Das zeigte ihr, dass das keine Masche war, sondern ein ehrlicher Wunsch. Er hatte zwar das Outfit und den Gang eines Managers, aber er war bei weitem kein zu früh entwickelter Geschäftsmann. Er war

19

jung, unsicher und sehr natürlich, wenn er noch rot werden konnte.

Er wollte wirklich noch mit ihr zusammen sein. Und sie hatte überhaupt nichts dagegen. Aber zu leicht durfte sie es ihm natürlich nicht machen.

„Eigentlich nicht...", murmelte er. „Normalerweise bin ich... traue ich mich nicht... ach, vergiss es." Klaus machte schnell einen Rückzieher, bevor er sich zu sehr bloßgestellt sah. Daher zuckte er zusammen, als sie unerwartet ihre schmale, weiche Hand auf seinen Arm legte.

„Ich finde, es ist eine gute Idee", sagte Susanne sanft. „Ich habe heute sowieso nichts mehr vor."

So wurde es doch noch ein schöner Abend. Klaus' Beziehungen zu der Werkstatt mussten gut sein, denn der Abschleppwagen war bald da und brachte den verbeulten Polo weg. Der Schaden am Golf war nicht so tragisch, die Lichter waren alle intakt, so dass hier einer Weiterfahrt nichts im Wege stand. Klaus hatte inzwischen mit beiden Versicherungen telefoniert, und die Dinge nahmen ihren geregelten Gang. Susanne brauchte sich um nichts mehr zu kümmern, was sie als sehr angenehm empfand.

Sie gingen ins Kino und danach noch in eine Studentenkneipe auf ein Pils. Susanne hatte sich schon lange nicht mehr so gut unterhalten, und inzwischen konnte sie über die Umstände dieses Kennenlernens schon lachen.

Gegen Mitternacht fuhr Klaus Susanne nach Hause, wie er es versprochen hatte. Sie hatten den Abend wie zwei gute alte Freunde verbracht. Inzwischen hatten sie einander schon so viel erzählt, dass sie wirklich glaubten, sich schon lange zu kennen.

Vor dem Wohnheim stellte Klaus den Motor ab. Susanne löste den Sicherheitsgurt, machte jedoch noch keine Anstalten auszusteigen.

„Das war ein sehr schöner Abend", sagte sie. „Ich danke dir."

„Ich habe dir zu danken", erwiderte Klaus. Sein Blick ruhte auf ihr, doch Susanne wich ihm aus. Sie merkte, dass ihre Gefühle durcheinander gerieten und wollte sich nicht zu schnell auf ein Abenteuer einlassen.

Allerdings wehrte sie seine Hand nicht ab, als er sanft seine Finger durch ihre seidigen Haare gleiten ließ. „Ich hab dich sehr gern, Susanne", sagte er leise. „Werden wir uns wieder sehen?"

Endlich sah sie ihn an und nickte stumm. Sie war froh, dass er keinen Versuch unternahm, sie zu küssen. Das wäre ihr zu schnell gegangen. Susanne nahm die Liebe sehr ernst. Für schnelle, flüchtige Abenteuer war sie nicht zu haben. Sie musste einem Mann erst einmal vertrauen, bevor sie ihm gestattete, ihr näher zu kommen.

Klaus schien es zu spüren oder ähnlich zu empfinden. Denn er streichelte nur kurz ihre Schulter und zog seine Hand schnell wieder zurück. „Ich rufe dich morgen Abend an, ja?"

„Sehr gern", antwortete sie. „Also, gute Nacht. Schlaf gut."

„Du auch."

Sie stieg aus und schloss die Tür, blieb jedoch am Fahrbahnrand stehen und winkte ihm nach, bis er die nächste Kreuzung erreicht hatte.

Dann erst kramte Susanne in ihrer Tasche nach dem Schlüssel.

2

Während sie die Tür zum Wohnheim aufschloss, sah Susanne zum Himmel hoch. Es hatte ungefähr vor einer Stunde zu regnen aufgehört, und die dichte Wolkendecke war aufgerissen. Dort oben musste ein ziemlicher Wind herrschen, denn die Wolken rasten nur so dahin und gaben hin und wieder den Blick auf die Sterne frei. Fast wie Leuchtsignale, dachte Susanne. Auf einmal wurde ihr Kopf ganz leicht, und sie verspürte eine unbändige Lust, in die Luft zu springen und laute Jubelschreie auszustoßen. Natürlich tat sie das nicht, sondern betrat das Haus in angemessener Ruhe. Susanne wäre es nie eingefallen, zu so später Stunde ihrem Herzen Luft zu machen und die halbe Nachbarschaft aufzuwecken, auch wenn sie noch so glücklich war.

In der geräumigen Gemeinschaftsküche brannte Licht, und Susanne ging hinein, um sich etwas zu trinken zu holen.

Tina, eine der Mitbewohnerinnen ihrer Etage, saß am Tisch und rührte in einer Teetasse. Sie machte ein verdutztes Gesicht, als sie Susanne erkannte.

„So spät noch? Das ist für dich ja ganz ungewöhnlich!", bemerkte sie.

„So langweilig bin ich nun auch wieder nicht", wehrte sich Susanne.

Es war irgendwie witzig, dass sie sich jetzt ausgerechnet dagegen verwahrte, immer zu früh oder zu viel zu Hause zu sein, wo sie doch früher einen ständigen Kampf mit den Eltern ums Ausgehen geführt hatte.

„Na komm, du bist doch so anständig und solide wie sonst niemand hier", spottete Tina.

„Ich will meine Studienzeit eben nicht vertrödeln, sondern so schnell wie möglich fertig sein", gab Susanne zurück.

„Ts, ts, dir ist einfach nicht zu helfen. Das Studium des Lebens kannst du später nie mehr nachholen, Mädchen! Der Ernst des Lebens holt dich schnell genug ein!"

„Ich bin eben nicht so wie du. Was machst du überhaupt schon hier?"

„Bin versetzt worden. Pech für ihn." Tina musterte Susanne eindringlich. „Dafür war dein Abend wohl recht interessant, wie?", stellte sie mit einem schelmischen Grinsen fest. „Bei Melanie warst du nicht, so viel steht fest. Zumindest nicht bis jetzt!"

Susanne strich sich verlegen durch die Haare. „Wie kommst du denn darauf?", meinte sie so harmlos wie möglich.

Tina lachte schallend.

„Pst, leise!", zischte Susanne entsetzt. Tinas Lachen konnte sogar Tote aus ihren Gräbern holen.

„Susanne, sei nicht immer so auf Harmonie bedacht!", kritisierte Tina. „Wir sind alle jung hier, du meine Güte! So verklemmt kann man doch gar nicht sein!"

„Ich bin nicht verklemmt!"

„Nein. Nur spießig."

Wenn Tina so etwas sagte, war es keine Beleidigung. Sie war nämlich das pure Gegenteil und selbst für viele Nachteulen noch zu temperamentvoll.

Susanne war ohnehin mit ihren Gedanken noch bei Klaus, deshalb ging diese Bemerkung glatt an ihr vorbei.

Tina öffnete den Mund zum nächsten klirrenden Lachen, riss sich aber rechtzeitig zusammen, bevor sie die nächste Rüge erhielt. Sie war viel zu neugierig auf Susannes Eroberung. „Weißt du, du solltest dein Gesicht sehen", kicherte sie ausgelassen. „Du hast dich verliebt, stimmt's?"

„Dazu ist es noch zu früh..."

„Komm, mach mir nichts vor! Nicht der guten alten Tina, die solche Gesichter in vielerlei Variationen kennt! Also, rück schon raus mit der Sprache!"

Susanne ließ sich gerne überreden, denn sie verspürte tatsächlich große Lust, ihr Glück mit jemandem zu teilen. Sie berichtete Tina alles haarklein und fand eine aufmerksame Zuhörerin – genau das, was sie brauchte.

„Irgendwie romantisch", urteilte Tina am Schluss des Berichtes. „Und er war echt ganz zurückhaltend?"

„Einfach traumhaft."

„Ein sensibler Mann. So was kann man sich kaum vorstellen! Dass du jetzt ja keinen Fehler machst, Susanne, solche Männer sind selten und kostbar wie Diamanten! Halte ihn fest!"

„Zunächst mal muss ich ihn besser kennen lernen. Noch wissen wir ja gar nicht, ob wir überhaupt zusammenpassen."

„Warum denn nicht? Was du mir erzählt hast, klingt alles sehr viel versprechend." Tina hielt sich ein Geschirrtuch wie einen Schleier an den Kopf. „Und ehe wir uns versehen, ist die kleine Susanne unter der Haube! Ja, ja, stille Wasser sind tief..."

„Jetzt hör aber auf!" Susanne zog ihr lachend das Tuch aus der Hand. „Albernes Stück!"

„Darf ich deine Brautjungfer sein? Ja? Bitte sag ja!"

Susanne hielt sich die Hand vor den Mund und prustete hinein. Eine kuriose Vorstellung, die quirlige, schrille kleine Tina mit ihren bunten Haaren, ganz brav in einem biederen Brautjungfern-Kleid, das ihr bis über die Knie oder gar bis zu den Knöcheln reichte, wo sie doch sonst nur winzige Stoff-Fähnchen anhatte, und noch dazu mit einem Blumenkörbchen in den Händen!

„Wieso denn nicht?", empörte sich Tina. „Denkst du, in dieser Schale steckt kein romantischer, sensibler Kern? Glaubst du, ich kann mich nicht benehmen?"

Susanne konnte mit dem Lachen gar nicht mehr aufhören und steckte damit Tina erst recht an.

„Bis dahin", stieß Susanne schließlich keuchend hervor, „bis dahin ist noch ein weiter Weg, Tina. Außerdem bin ich noch viel zu jung zum Heiraten." Obwohl ihr die Vorstellung auf einmal gefiel. Ständig hatte sie das Gesicht von Klaus vor Augen. Hatte sie sich wirklich ernsthaft verliebt – an einem einzigen Abend? Sie wischte die Lachtränen von der Wange und blinzelte. Die Tusche war von ihren langen, dichten Wimpern gelaufen und hatte ihren Blick verschleiert.

Das passt irgendwie, dachte sie.

Als Klaus nach Hause kam, war seine Mutter noch wach.

Marlies Teubner war eine kleine, untersetzte Frau mit einer starken, beherrschenden Ausstrahlung.

Klaus hatte gehofft, sie würde bereits schlafen, denn er wollte gleich zu Bett gehen und noch ein wenig von dem schönen Abend träumen. Dabei sollten ihn keinerlei Disharmonien stören – doch leider ging sein Wunsch nicht in Erfüllung.

„Ich habe mir Sorgen um dich gemacht", sagte Marlies Teubner. Ihre Stimme war ruhig, fast emotionslos. Diese Kälte war es, die Klaus immer wieder einen Schauer über den Rücken laufen ließ. Dabei konnte die Stimme seiner Mutter ganz anders klingen... warm und zärtlich. Doch das kam in letzter Zeit immer seltener vor.

„Ich habe länger gearbeitet und bin dann mit Kollegen noch ein Bier trinken gegangen", log Klaus, ohne sich dafür zu schämen. Das war der beste Weg, einem Konflikt aus dem Weg zu gehen. Seine Mutter sah es nicht so gern, wenn er sich mit Mädchen traf. Sie hatte viel zu viel Angst, dass er sie wegen eines „leichtsinnigen jungen Dings", das ihn ohnehin nur „ausnehmen" wolle, verlassen könnte.

„Du hättest mich anrufen können, Klaus. Ich habe nämlich gekocht und mit dem Essen auf dich gewartet."

„Das tut mir Leid, Mama. Ich hab's echt vergessen."

„Früher warst du nicht so rücksichtslos."

„Aber das kann doch mal vorkommen! Mach bitte nicht
gleich ein Drama daraus."

Marlies musterte ihren Sohn misstrauisch. „Ihr scheint
euch gut amüsiert zu haben", meinte sie. „Wer war denn
alles dabei?"

„Niemand, den du kennst", antwortete er schnell.
„Einige aus der Orga."

Seine Mutter schnüffelte provozierend laut und rümpf-
te angewidert die Nase. „Geraucht habt ihr jedenfalls wie
die Schlote."

„Ich nicht, Mutter. Ich rauche nicht, das weißt du doch."

„Eine Frau war auch dabei. Ich kann jetzt noch das
billige Parfüm riechen, trotz des Kneipengestanks."

„Die Arbeitswelt ist keine Männergesellschaft, Mama.
Und es war auch keine Männerkneipe."

Marlies ließ ihn immer noch nicht aus den Augen. Ihre
hellen Augen glitzerten wie Eiszapfen in der Sonne. „Du
solltest dich lieber auf deine Karriere konzentrieren, statt
nächtelang in Kneipen herumzulungern."

Klaus fühlte Groll in sich aufsteigen. „Erstens war es
nur heute Abend, und ich bin sogar vor Mitternacht zu
Hause", erwiderte er scharf. „Zweitens bin ich erwachsen
und dir keine Rechenschaft schuldig. Drittens arbeite ich
nicht 24 Stunden am Tag. Und viertens – die meisten

Geschäfte und Karrieresprünge werden in Lokalen gemacht!"

Marlies wandte sich von ihm ab. Mit weinerlicher Stimme sagte sie: „Warum greifst du mich an? Ich meine es doch nur gut, das weißt du genau. Ich will, dass du das Bestmögliche im Leben erreichen kannst, damit du glücklich wirst und ausgesorgt hast, wenn ich einmal nicht mehr bin!"

Diese Vorhaltungen und die klagende Stimme verfehlten wie immer nicht ihre Wirkung. Klaus fühlte sich sofort schuldig. Seine Mutter tat wirklich alles für ihn. Versöhnlich legte er seine Arme um sie und zog sie an sich. „Tut mir Leid, so habe ich es nicht gemeint", sagte er mit sanfter Stimme. „Was redest du da überhaupt, du bist doch gerade erst 40 geworden! Heutzutage ist man da noch lange keine alte Frau!"

„Nein, aber dein Vater...", begann Marlies und schluchzte leise. „war auch erst Anfang 40 und sehr vital. Man weiß nie, wie viel Zeit einem bleibt..."

„Und das ist gut so." Klaus drückte einen zarten Kuss auf ihre Stirn. „Und jetzt sollten wir beide ins Bett gehen, es ist schon sehr spät. Schließlich muss ich morgen arbeiten."

3

Susanne hatte sehr gut geschlafen, aber sobald sie wach war, dachte sie sofort wieder an Klaus. Etwas in seinen Augen und an seiner jungenhaften Art zu erröten hatte sie sehr berührt. Einerseits wirkte er so entschlossen und tatkräftig, andererseits aber auch hilflos. Natürlich konnte man nach so wenigen Stunden noch nicht viel über einen Menschen sagen. Aber es genügte, dass er Susanne nicht mehr aus dem Kopf ging.

Melanie erwartete ihre Freundin vor der Universität und wollte natürlich in allen Einzelheiten wissen, was gestern alles geschehen war. Aber seltsamerweise wollte Susanne ihr nicht allzu viel preisgeben, obwohl sie Tina gegenüber keinerlei Hemmungen gehabt hatte.

Die Seminarstunden vergingen nur quälend langsam. Auf dem Heimweg grübelte Susanne darüber nach, ob sie Klaus anrufen sollte oder nicht. Es sollte nicht so aussehen, als würde sie ihm nachlaufen. Ein letzter Rest Misstrauen war immer noch in ihr; außerdem hatte sie Angst vor einem Korb. Wenn sie sich das alles nur eingebildet hatte?

Kaum war sie im Wohnheim eingetroffen, wurde diese Frage beantwortet. Tina stürzte ihr entgegen: „Gut, dass du kommst! Ein Anruf für dich: Er ist dran!"

Susanne schaltete nicht sofort. „Wer – er?"

Tina verdrehte die Augen. „Na, wer schon! Denk doch mal nach, Mensch! Dein Traumprinz von gestern Abend!"

Susannes Herz machte einen gewaltigen Satz. „Klaus?", rief sie. „Warum sagst du das denn nicht gleich!"

„Hab ich doch!", entgegnete Tina empört, aber in ihren Augenwinkeln zuckte es schelmisch. „Na, na, wenn das nicht eine Liebeskiste wird, dann weiß ich aber nicht...", murmelte sie vor sich hin und wiegte weise ihren Kopf.

„Hallo?", fragte Susanne ins Telefon.

„Susanne?", kam es zurück. „Ich bin es. Klaus."

Er war es wirklich. Alle zweifelnden Gedanken waren völlig überflüssig gewesen. „Freut mich, dass du anrufst!"

„Ich habe leider nicht viel Zeit, denn ich bin noch immer hier in der Bank. Aber ich habe gerade ein paar Minuten Luft, und da wollte ich gern deine Stimme hören."

„Das ist nett. Du hast Glück, ich bin gerade eben zurück gekommen."

„Susanne, ich möchte dich gern wieder sehen. Wann hast du Zeit?"

Eigentlich sollte sie auf die Prüfung lernen. Aber sie konnte nicht nein sagen. Sie wollte ihn ja auch unbedingt sehen. Irgendwie würde sie das Ganze schon unter einen Hut bringen... „Heute. Aber nicht zu früh, ich muss noch lernen."

„Am besten hole ich dich ab. Sagen wir, um acht?"

„Ja... ja, natürlich."

„Fein. Ich freue mich. Ich muss jetzt Schluss machen... Also, bis später!"

Nachdem Susanne aufgelegt hatte, stand sie einen Moment noch ganz still und versuchte, ihre Gedanken zu ordnen. So bemerkte sie erst nach einer Weile, dass Tina neben ihr stand und sie mit spöttischer Miene beobachtete.

„Was gibt's denn da zu glotzen?", entfuhr es der angehenden Lehrerin.

„Oooch... nichts...", antwortete Tina gedehnt und grinste dazu über ihre beiden kleinen, ein wenig abstehenden Ohren. „Gar nichts." Kichernd verschwand sie in ihrem Zimmer.

Susanne sah ihr lange lächelnd nach. Tina verhielt sich gern aufreizend und war manchmal ein wenig anstrengend, aber ein sehr liebenswertes Mädchen. Das pure Gegenteil von ihr selbst, und trotzdem waren sie gute Freundinnen. Tinas Frohnatur war in jeder Hinsicht ansteckend.

Trotz ihrer Vorfreude auf den Abend schaffte Susanne es, sich auf das Studium zu konzentrieren. Klaus kam pünktlich um acht Uhr – in einem Leihwagen, da sein Golf in der Werkstatt war. Susanne hatte auf der Straße gewartet, um der Neugier ihrer Mitbewohnerinnen zu entgehen. Tina hatte natürlich ihren Mund nicht halten können und überall herumerzählt, dass ausgerechnet Susanne sich unerwartet verliebt hatte. Seit Beginn des Studiums hatte sie sich nämlich immer sehr zurückhaltend gezeigt und nur selten Verabredungen getroffen. Einen festen Freund hatte sie seitdem noch nicht gehabt.

Aber da es wieder einmal regnete, verspürte keines der Mädchen Lust, mit Susanne zu warten, nur um einen Blick auf ihren Verehrer zu werfen. Sie würden schon früh genug alles erfahren.

Klaus überreichte Susanne ein kleines Blumensträußchen, als sie zu ihm ins Auto stieg – nur, um sich sofort dafür zu entschuldigen: „Ich glaube, ich bin etwas altmodisch. Aber die Farben gefielen mir so gut..."

„Ich freue mich sehr darüber", unterbrach ihn Susanne. Das tat sie wirklich, denn sie war romantisch veranlagt und hatte immer davon geträumt, so schöne Liebesbeweise zu erhalten.

Den ganzen Abend über zeigte sich Klaus als stets aufmerksamer Begleiter. Sie hatte sich also nicht getäuscht, Klaus hatte es offenbar auch erwischt. Allein an der Art, wie er sie ansah, wie er auf jede ihrer Regungen achtete, um ihr jeden nur möglichen Wunsch zu erfüllen, erkannte sie das deutlich.

„Das war der romantischste Abend meines Lebens", behauptete Susanne, als sie schließlich zum Auto zurückschlenderten.

Klaus lächelte glücklich. „Für mich auch", gestand er. „Die Zeit ist aber wieder so schnell vergangen, und ich wollte dir noch so viel sagen..."

„Wir müssen doch nichts übereilen, oder?", erwiderte Susanne.

33

Der Regen hatte aufgehört, und die nassen Straßen glänzten im Schein der Laternen. Von den Hauptstraßen klang gedämpfter Verkehrslärm herüber und bildete so eine sanfte Untermalung der Musikklänge, die aus den geöffneten Türen der Discos und Bars herausschallten.

Klaus trat auf einmal ganz nah an Susanne heran und strich ihr die langen Locken aus dem Gesicht. „Die Kulisse könnte durchaus ein wenig romantischer sein", meinte er leise. „Stell dir vor, es wäre warm, wir wären irgendwo im Süden, mit dem Meer im Hintergrund..."

„Dann wäre nur der Urlaub bald zu Ende und ich müsste an die Heimreise denken", lachte Susanne. „In einem solchen Ambiente ist es leicht, romantisch zu sein. Aber so, an einem ganz normalen Tag, in einer geschäftigen Stadt... das ist etwas ganz Besonderes, findest du nicht?"

„Nein."

Sie musterte ihn mit hochgezogenen Brauen.

„Du bist etwas Besonderes." Klaus neigte sich vor und berührte leicht ihre weichen, vollen Lippen mit seinem Mund. Als er auf keinen Widerstand stieß, wurde er mutiger. Er schloss seine Arme um sie und küsste sie zärtlich.

Der Kuss dauerte lange. Sie vergaßen die Welt um sich herum. Eng umschlungen standen sie auf der Straße und hörten nicht einmal die spöttischen Bemerkungen einiger Teenies, die gerade vorüber kamen.

Als sie sich schließlich wieder voneinander lösten, mussten sie zuerst einmal Atem holen. Mit leuchtenden

Augen sahen sie sich an. Dann, wie auf ein verabredetes Zeichen hin, setzten sie sich ins Auto und fuhren los.

Erst nach einiger Zeit begannen sie wieder zu reden. „Ich möchte gern noch mit dir zusammen sein, Susanne", bat Klaus mit schüchterner Stimme.

Susanne war unsicher. Einerseits wünschte sie sich nichts lieber als das, andererseits ging es ihr doch ein wenig schnell. Sie wollte zuerst wieder Ordnung in ihre Gedanken und in das wirre Chaos ihres Verstandes bringen können.

Als sie schwieg, fuhr Klaus fort: „Aber ich kann dich nicht mit zu mir nehmen, verstehst du... wegen meiner Mutter..."

Das ernüchterte Susanne schlagartig. „Nein, natürlich nicht", sagte sie ruhig. „Aber bei mir... das muss ich irgendwie vorbereiten. Es ist schließlich ein Wohnheim, und es muss ja nicht jeder gleich mitbekommen..."

Klaus nickte. „Wir werden einen Weg finden."

Susanne schmiegte sich an ihn, und er legte einen Arm um ihre Schultern, während er mit der linken Hand lenkte. Die Straße war gerade, und es herrschte kaum Verkehr. Seine Finger streichelten sanft ihre Schulter.

„Wir sollten wirklich nichts überstürzen, Klaus... vielleicht ist es ja ganz gut so."

„Wie meinst du das?"

„Na ja, es kann doch auch schief gehen. Ich meine, nach so einem Abend ist man ohnehin überschwänglich. Aber dann am nächsten Morgen kann es durchaus sein, dass man enttäuscht ist..."

Klaus lachte. „Wenn man sich mit verquollenen Augen und ungekämmten Haaren sieht?"

„Nein. Ich meine die Ernüchterung... wenn man sich noch nicht so gut kennt und nicht weiß, wie viele Gemeinsamkeiten man hat. Ich will kein Abenteuer nur für eine Nacht, verstehst du? Ich will einfach, dass es perfekt ist. Dass wir uns am nächsten Morgen noch genauso lieben wie am Abend davor und Zeit haben für ein Frühstück... und ein paar Worte."

„Ich verstehe schon, was du meinst, Susanne. Aber mach dir nicht so viele Gedanken. Lass die Dinge doch einfach geschehen..."

Sie seufzte und drückte ihre Lippen auf seine Wange. „Wahrscheinlich bin ich viel zu kompliziert, nicht wahr?"

„Nein, ganz und gar nicht." Klaus hielt am Straßenrand an und stellte den Motor ab. „Wir sind schon da, leider. Dieser Abend ist also zu Ende..."

Es klang mehr wie eine Frage. Und Susanne nickte entschlossen. Dann schlang sie die Arme um seinen Nacken und küsste ihn leidenschaftlich.

„Ich rufe dich morgen an", versprach Klaus, nachdem er wieder zu Atem gekommen war. Seine Haare waren etwas in Unordnung geraten.

„Komm doch einfach nach der Arbeit vorbei!", schlug Susanne vor. „Vorausgesetzt, meine neugierigen Mitbewohnerinnen schrecken dich nicht ab."

„Früher oder später muss ich das ohnehin durchstehen", meinte Klaus tapfer.

Susanne lachte und warf ihm eine Kusshand zu, bevor sie ihn verließ.

Auf dem Heimweg stellte Klaus das Radio laut und sang aus vollem Halse mit. Für ihn war es nicht Nacht, sondern heller Tag, die Farbe des Himmels Rosa und die Wolken hingen voller Geigen. So glücklich hatte er sich noch nie gefühlt, so heiter und unbeschwert. Er hätte es niemals für möglich gehalten, dass eine so hübsche und intelligente junge Frau wie Susanne sich ausgerechnet für ihn interessierte. Denn schließlich hatte sie, da sie ja noch mitten im Studium war, einen ganz anderen Bekanntenkreis und ganz andere Lebenserwartungen. Klaus hielt sich selbst nicht für besonders anziehend oder interessant. Er war zwar in seinem Beruf recht erfolgreich und fachlich kompetent, doch darüber hinaus interessierte er sich im Gegensatz zu Susanne nur wenig für Kultur. Er las am liebsten Tageszeitungen, Fachzeitschriften und Sachbücher. Wenn Susanne während ihrer Unterhaltungen hin und wieder im Überschwang „geistig abhob", konnte er nicht mehr mitreden. Er hörte ihr aber gern und voller Bewunderung zu – und befürchtete gleichzeitig, dass sie ihn plötzlich langweilig oder ungebildet finden könnte...

Trotzdem hatte er deutlich gespürt, dass er ihr wirklich etwas bedeutete. Nun musste er nur zusehen, dass er keinen Fehler machte. Es mochte ihm zwar manchmal verrückt vorkommen, aber er wusste genau, dass Susanne die Frau war, die er sich als Lebenspartnerin wünschte. Mit ihr zusammen wollte er sein Leben aufbauen, Kinder bekommen, ein Heim schaffen – und gemeinsam alt werden.

Immer noch beschwingt kam er zu Hause an; diesmal hoffte er sogar, dass seine Mutter noch wach war – denn er musste jetzt mit jemandem über sein Glück reden. Bestimmt freute sie sich mit ihm, denn sicherlich konnte auch sie sich nichts Besseres vorstellen, als dass in diesem Haus endlich wieder Fröhlichkeit herrschte, Kinderlachen erklang und eine Familie wohnte.

Marlies war tatsächlich noch wach. Wie schon gestern Abend hatte sie wohl auf ihren Sohn gewartet. Klaus wusste, dass sie sich immer viel zu viele Sorgen um ihn machte, und nahm ihr daher ihre Leichenbittermiene nicht übel, mit der sie ihn begrüßte.

„Hast du eigentlich schon mal auf die Uhr geschaut?", fragte sie vorwurfsvoll. „Es ist heute ja sogar noch später als gestern! Warst du wieder mit deinen Kollegen unterwegs?"

„Nein", antwortete Klaus fröhlich. „Ich habe jemanden kennen gelernt!"

Ihre Miene erstarrte, und ihre dünnen Lippen zogen sich leicht zusammen. „So?", ließ sie hören. „Eine Frau, nehme ich an..."

„Ja! Und was für eine! Oh, ich muss sie dir unbedingt vorstellen, du wirst begeistert sein! Sie ist einfach wundervoll, das schönste und liebste Mädchen der Welt...", sprudelte es aus Klaus hervor.

„Du... du klingst ganz so, als ob du dich in sie verliebt hättest..."

„Bis über beide Ohren! Ach, Mama, ist das nicht wunderbar?" Klaus umarmte seine völlig überraschte Mutter, griff nach ihrem rechten Arm und versuchte, mit ihr zu tanzen.

Marlies machte zwei, drei Schritte mit, bevor sie sich energisch aus den Armen ihres Sohnes löste. „Kommt das nicht ein wenig plötzlich?", fragte sie.

„Nein, gar nicht. Doch, eigentlich schon. Ach, ich weiß nicht", plapperte Klaus. Nachdem die Mutter nicht mitmachte, packte er ein Kissen vom Sofa und tanzte mit ihm durch das Wohnzimmer.

„Sag mal, bist du betrunken?", erkundigte sich Marlies misstrauisch. „Du bist ja völlig durchgedreht!"

Klaus blieb atemlos stehen. „Ich könnte die ganze Welt umarmen, Mama. Ich weiß, dass sie die Richtige ist. Meine Traumfrau! Kannst du dir das vorstellen? Normalerweise gibt es so etwas im richtigen Leben doch gar nicht..."

„Jetzt beruhige dich endlich und setz dich hin!", forderte Marlies energisch. „Ich glaube, ich mache dir eine heiße Milch, du bist ja richtig hysterisch!"

„Ich brauche keine heiße Milch, mir geht es sehr gut – außerdem bin ich kein Kind mehr!", protestierte Klaus. „Soll ich dir von ihr erzählen?"

„Nicht unbedingt. Zu so später Stunde bin ich nicht mehr besonders aufnahmebereit. Außerdem war ich sehr besorgt..."

„Siehst du, dann wirst du bald eine Sorge weniger haben. Ich werde in guten Händen sein und eine Familie gründen. Findest du das nicht schön?"

Marlies setzte sich in einen Sessel. „Ich weiß nicht so recht", gab sie ehrlich zu. Ihre Finger zupften an einem Spitzendeckchen auf der Sessellehne. „Das geht mir zu schnell, Klaus. Hast du denn wirklich vor, dieses Mädchen so schnell zu heiraten? Willst du sie nicht erst besser kennen lernen?"

Klaus nickte. „Natürlich, Mama. Das habe ich auf jeden Fall vor."

Marlies runzelte die Stirn. „Wenn du meinst..."

„Bitte, mach doch nicht so ein Gesicht." Klaus rutschte auf dem Sofa nach vorn und ergriff ihre Hände. „Ich weiß, ich habe dich total überfallen, aber du kannst dir gar nicht vorstellen, was in mir los ist. So habe ich mich noch nie gefühlt, verstehst du? Es ist so..."

„Wunderbar", vollendete Marlies kühl den Satz. „Ich weiß. Das sagtest du schon. Trotzdem finde ich, dass du im Augenblick zu emotional bist. Morgen sieht das sicher ganz anders aus."

Klaus schüttelte den Kopf. „Nein, das glaube ich nicht. Ich hab's gestern schon gespürt..." Er biss sich auf die Lippen, doch zu spät – er hatte sich bereits verplappert.

Marlies' Augen blitzten sofort auf. „Ach? Du kennst sie bereits seit gestern? Dann hast du mich also belogen?"

„Nein, nicht wirklich. Ich war nur ziemlich durcheinander, immerhin war da dieser Unfall und..."

„Oh, dann war sie es also, die dir ins Auto gefahren ist? Eine umsichtige und verantwortungsbewusste Autofahrerin scheint sie mir jedenfalls nicht gerade zu sein!", urteilte Marlies in gehässigem Ton. „Und so eine hat es dir gleich angetan?"

„Es war umgekehrt. Ich bin auf ihr Auto draufgefahren, Mama...", stellte Klaus richtig.

Doch Marlies ließ sich nicht so leicht überzeugen. „Na, vermutlich hat sie einen Fehler gemacht, und du konntest nicht mehr rechtzeitig ausweichen..."

„So war es wirklich nicht. Sie hat gebremst, ich habe einen Moment nicht aufgepasst, und schon war es passiert. So haben wir uns kennen gelernt. Und seit heute weiß ich, dass ich sie will und keine andere."

Diesmal war es Marlies, die die Hände ihres Sohnes umklammerte. „Klaus, es ist spät, und wir sollten zu Bett gehen. Du redest wirres Zeug, das du morgen vielleicht bereust! Selbst, wenn es wirklich stimmt, dass das Mädchen... hm... nett ist und dich auch gern hat, musst du sie doch erst besser kennen, bevor du überstürzte Entscheidungen triffst! Vielleicht passt ihr gar nicht zusammen! Und dann denk doch auch an mich und an deine Karriere!"

41

„Was soll damit sein?", erwiderte Klaus verwundert. „Für dich wird es doch nur besser, wenn wir endlich wieder eine richtige Familie sind. Und für meine Karriere kann das auch nur förderlich sein. Denkst du etwa, ich verliere das aus den Augen?"

Marlies seufzte. Sie faltete ihre Hände und lehnte sich im Sessel zurück. „Ich weiß wirklich nicht, was ich denken soll, Klaus."

„Warte nur, wenn ich sie dir vorgestellt habe. Dann wirst du mich verstehen, ganz bestimmt!"

„Ich wünsche dir, dass du Recht hast, mein Sohn. Wir werden sehen. Bring sie einfach mal an einem Wochenende zum Nachmittagskaffee mit, dann sehen wir weiter. Aber bitte nicht gleich übermorgen. Lass ein paar Wochen verstreichen, und wenn du dann immer noch überzeugt bist, lade ich sie ein. Einverstanden?"

„Natürlich." Klaus stand auf, beugte sich über seine Mutter und küsste sie liebevoll auf die Stirn. „Du bist einfach die Beste."

4

In den nächsten Wochen verbrachten Susanne und Klaus so viel Zeit wie nur irgend möglich miteinander. Es gab eine kurze Pause, als Susannes Zwischenprüfung unmittelbar bevorstand, doch danach, ohne den Druck des Lernens und ohne die ständige Prüfungsangst, genossen sie die Stunden miteinander umso intensiver.

Die Weihnachtszeit war inzwischen angebrochen, das Wetter war nasskalt und die Leute hektischer denn je – wie jedes Jahr kurz vor den Festtagen. Doch das störte die beiden Verliebten kaum. Sie hatten nur Augen füreinander.

Im Wohnheim ging Klaus inzwischen ganz normal ein und aus, ohne dass er den anderen Bewohnern auffiel. Als Susanne ihn das erste Mal mitgenommen hatte, war er sehr aufgeregt gewesen, denn er fühlte sich wie ein Fremdkörper unter all diesen Studenten, obwohl sie alle in seinem Alter waren. Ihre Welt war dennoch nicht die seine. Entsprechend still und zurückhaltend hatte er sich am ersten Abend verhalten und an den für ihn größtenteils unverständlichen Diskussionen, an denen sich auch Susanne rege beteiligte, nur als Zuhörer teilgenommen. Er fühlte sich unter diesen Leuten auf einmal unterlegen, dumm und ungebildet. Susannes Kommilitonen schienen das jedoch nicht zu bemerken und waren ihm gegenüber aufgeschlossen und freundlich. Klaus taute erst ganz allmählich auf, als die Unterhaltung sich allgemeineren Themen zu wandte.

Als sie bald darauf allein auf Susannes Zimmer waren, verdrängte Klaus seine Selbstzweifel und sprach mit ihr auch nicht darüber. Sie hätte es sicher nicht verstanden. Später dann, auf dem Heimweg, verstand er sich selbst allerdings auch nicht mehr und nahm sich fest vor, das nächste Mal unbefangener zu sein.

Die erste gemeinsame Nacht verbrachte das junge Paar bei Susanne. Für Klaus war es absolut unvorstellbar, dass er seine Freundin zu seiner Mutter mit nach Hause nahm, und für Susanne ebenso.

Beide wurden zusehends nervöser, als sie in Susannes Zimmer saßen und der Samstagnachmittag allmählich zum Abend wurde. Sie wussten, dass es jetzt so weit war, doch keiner wagte den ersten Schritt.

Es war schon längst dunkel. Susanne hatte das Licht im Zimmer gedämpft, im Hintergrund spielte „Architecture & Morality" von OMD und danach „Avalon" von Roxy Music. Auf dem kleinen Couchtisch standen zwei Gläser, eine angefangene Flasche Wein und eine Schale mit Chips.

„Ich bin schon schrecklich gespannt auf das Ergebnis der Prüfung", sagte Susanne nach einer längeren Gesprächspause und versuchte, möglichst unbefangen zu wirken.

„Da wirst du noch eine Weile warten müssen", meinte Klaus nachsichtig. „Außerdem weiß ich, dass du es geschafft hast. Anders ist es gar nicht möglich."

44

„Danke für dein Vertrauen", versetzte sie spöttisch. „Hoffentlich denken die Prüfer auch so."

„Ach, was soll's! Es ist doch nur eine Zwischenprüfung, die du ohne Probleme wiederholen kannst. Du verlierst dadurch nicht einmal Zeit, weil du das Studium trotzdem fortsetzen kannst. Du bist doch so jung, Susanne! Sollen die Schüler dich mit einem der ihren verwechseln?"

„He, ich werde später einmal die vier Grundschulklassen unterrichten! Da besteht nun wirklich keine Gefahr. Außerdem halten die Kleinen doch sowieso alle Erwachsenen für uralt."

„Das stimmt!", lachte Klaus und streichelte ihre Wange. „Glücklicherweise ist es aber dafür noch lange nicht so weit." Er rutschte auf der Bettcouch allmählich näher an Susanne heran. Seine Berührungen wurden zunehmend inniger und zärtlicher.

Susanne ließ sich einfach an seine Schulter fallen und fing ebenfalls an, ihn zu liebkosen. Auf einmal war jegliche Nervosität verflogen. Sie wussten beide, was sie wollten. Und dass es wunderschön werden würde.

Sie tauschten lange Küsse und ließen sich sehr viel Zeit. Nach und nach entkleideten sie sich, lernten ihre Körper nicht nur mit den Augen, sondern auch mit Händen und Lippen kennen.

Am Morgen erwachten sie immer noch eng umschlungen zwischen zerwühlten Laken und verknüllten Decken. Susanne knurrte der Magen, und sie kämpfte sich aus dem Bett und verschwand in der Gemeinschaftsküche. Mit einem beladenen Tablett kam sie bald darauf zurück. Klaus war noch halb verschlafen.

„Das ist das erste Mal, dass eine andere Frau als meine Mutter mir das Frühstück macht", gestand er.

„Wirklich?", fragte Susanne verdutzt. „Du hast noch nie bei einer anderen übernachtet?"

Er schüttelte stumm den Kopf.

Susanne fragte nicht weiter. Sie kannte Klaus inzwischen gut genug um zu wissen, dass es nicht einfach werden würde, eine gemeinsame Zukunft aufzubauen. Seine Mutter hatte einen sehr großen Einfluss auf ihn, wie sie aus vielen Bemerkungen heraushörte. Wenn Klaus von sich erzählte, kam nicht er, sondern immer seine Mutter als Hauptperson darin vor. Es schien ihm sehr wichtig zu sein, deutlich zu machen, wie viel sie ihm bedeutete, wie sehr ihr Wohlergehen ihm am Herzen lag. Sehr oft fügte er bei seinen Überlegungen oder Entscheidungen „Mama macht das auch so!" oder „Was würde meine Mutter wohl dazu sagen?" hinzu.

Anfangs war es sogar vorgekommen, dass Marlies Teubner im Wohnheim angerufen hatte – die Nummer hatte Klaus ihr offensichtlich gleich am Anfang gegeben –, um ihn zu bitten, eine Kleinigkeit für sie zu erledigen. Oder um ihn zu fragen, wann er denn endlich mal heimkäme, weil sie extra einen wundervollen Braten für ihn gemacht habe. Klaus war dann stets bemüht gewesen, den Wünschen seiner Mutter so schnell wie möglich zu entsprechen. Susanne hatte ihn einmal daran hindern wollen, sofort aufzuspringen und nach Hause zu fahren, und es sehr schnell bereuen müssen. Klaus war die ganze Zeit über unruhig, unaufmerksam und fast mürrisch gewesen, bis sie ihn dann schließlich ziehen ließ.

Doch Susanne war sicher, dass sich dieses Problem bewältigen lassen würde – immerhin war Klaus jetzt hier bei ihr und schien nicht einmal ein schlechtes Gewissen zu haben, nicht nach Hause gefahren zu sein. Susanne wusste, dass Marlies Teubner sehr viel Wert auf das gemeinsame sonntägliche Frühstück legte. Hoffentlich machte sie Klaus deswegen später keine Vorwürfe. Susanne hatte manchmal Zweifel, ob diese starke Mutter-Sohn-Bindung nicht eines Tages einen Keil zwischen sie treiben würde. Bis jetzt kannte sie Marlies noch nicht einmal.

„Susanne, wir kennen uns erst ein paar Wochen", sagte Klaus auf einmal in einem merkwürdig feierlichen Tonfall, „aber ich liebe dich über alles."

Susanne legte ihre angebissene Brotscheibe auf den Teller zurück und sah ihn neugierig an. „Ich liebe dich auch", sagte sie zärtlich.

„Ich möchte dich heiraten", fuhr Klaus fort. Dabei überzog sein Gesicht die vertraute Röte, die Susanne so an ihm mochte. Er erschrak immer noch über seinen eigenen Mut. „Ich weiß, dass es noch viel zu früh ist, aber..."

„Ja", unterbrach ihn Susanne.

Klaus, der darauf nicht vorbereitet gewesen war, starrte sie mit offenem Mund an.

„Ja", wiederholte sie, und ihre sanften braunen Augen strahlten. „Ich will dich auch heiraten, Klaus."

Damit war es also beschlossen. Den Rest des Sonntags verbrachten die beiden auf einer rosa Wolke und machten sich eifrig daran, Pläne für die gemeinsame Zukunft zu schmieden.

„Dann wird es aber Zeit, dass du endlich Mutter kennen lernst", meinte Klaus.

„Und ich muss es meinen Eltern sagen", überlegte Susanne. Sie hatte kein besonders herzliches Verhältnis zu ihren Eltern. Wie es dazu gekommen war, wusste Susanne eigentlich gar nicht so genau. Irgendwann, als Susanne allmählich erwachsen geworden war, hatten sie sich auseinander gelebt. Beide Eltern waren als engagierte Journalisten beruflich sehr viel im Ausland unterwegs, nicht selten über Wochen oder auch Monate hinweg. Hin und wieder kam eine Karte mit einer kurzen Meldung, dass es ihnen gut ginge und sie wie immer sehr viel Arbeit hätten, die ihnen für nichts Zeit ließe. Die telefonischen Kontakte beschränkten sich daher auf die Feiertage, den Jahreswechsel und den Geburtstag. Seit dem Umzug nach Berlin hatte sie ihre Eltern nicht mehr gesehen.

„Denkst du, es wird ihnen gefallen?", wollte Klaus wissen.

Susanne zuckte die Achseln. „Ich bin sicher, dass es ihnen nicht besonders viel bedeuten wird."

„Werden sie zur Hochzeit kommen?"

„Wenn sie nicht gerade eine Reise gebucht haben, ja. Da fällt mir ein: Wann wollen wir überhaupt heiraten?"

„Was hältst du von Mai?"

„Das ist gut. Ja, das ist sehr gut. Da haben wir noch genug Zeit, es uns wieder anders zu überlegen."

Susanne wich lachend dem Kissen aus, das Klaus daraufhin spontan gepackt und nach ihr geworfen hatte.

Nachdem Klaus gegangen war, rief Susanne sofort bei ihren Eltern an, um ihnen die freudige Mitteilung zu machen. Glücklicherweise waren beide derzeit im Lande, und sie wollte ihnen diese Neuigkeit gerne so schnell wie möglich übermitteln.

„Susanne!", hörte sie die überraschte Stimme ihrer Mutter am anderen Ende. „Ist etwas passiert?"

Susanne fühlte sich sofort in die Defensive gedrängt. „Weshalb? Weil noch nicht Weihnachten ist? Kann ich euch nicht einfach mal so anrufen?", gab sie fast gereizt zurück.

„Doch, doch, natürlich... aber das hast du doch noch nie getan."

„Das stimmt. Und es stimmt auch, dass etwas passiert ist. Ich habe mich heute verlobt!"

Schweigen.

„Hallo, Mutter, bist du noch da?"

„Ja, natürlich, Kind. Entschuldige, ich bin völlig überrascht. Als wir das letzte Mal telefonierten, hattest du noch nicht einmal einen Freund."

„Ja, es ist auch sehr schnell gegangen. Er heißt Klaus, ist ein Jahr älter als ich, hat einen guten Job bei der Bank und ein wenig Geld. Das heißt, du brauchst dir keine Sorgen mehr um meine Zukunft zu machen..."

„Du bist unfair, Susanne. So etwas habe ich dir nie vorgehalten."

„Tut mir Leid. Aber ich freue mich darüber, und du..."

„Na, hör mal, ich muss das schließlich erst verarbeiten, denkst du nicht? Das ist doch kein Scherz, oder?"

„Nein, ganz sicher nicht."

Susanne hörte, wie ihre Mutter die Hand über den Hörer legte. Vermutlich überbrachte sie die frohe Botschaft gerade dem Vater, denn sie vernahm gedämpftes Murmeln.

„Ich habe es gerade deinem Vater gesagt", meldete sich die Mutter schließlich wieder. „Er lässt dich grüßen und gratuliert dir."

„Na, immerhin einer", konnte Susanne sich nicht zurückhalten.

„Susanne, natürlich freue ich mich für dich, wenn du die richtige Entscheidung getroffen hast", verteidigte sich die Mutter. „Ich hoffe aber, dass ihr beide euch das gut überlegt habt. Ihr seid noch sehr jung, ihr steht erst am Anfang eures Lebens. Du hast noch nicht einmal dein Studium abgeschlossen und willst dich jetzt schon für die ganze Zukunft festlegen?"

Diese Reaktion überraschte Susanne nicht. Ihre Eltern hielten persönliche Unabhängigkeit für sehr wichtig. Die Welt war groß, und es gab viele Möglichkeiten der persönlichen Entfaltung und Orte, die man kennen lernen sollte. Man musste flexibel sein und durfte sich nicht in ein enges gesellschaftliches Korsett zwängen lassen. „Ich weiß, wie sehr du es bedauerst, dass ich nicht nach dir geraten bin", murmelte Susanne. „Aber ich freue mich darauf, eine Familie zu gründen, und ich will auch Kinder haben. Klaus und ich wissen, was wir wollen, und wir sind uns in den meisten Dingen einig. Er ist liebevoll und aufmerksam. Ich kann mir nichts Schöneres vorstellen, als die Zukunft mit ihm zusammen aufzubauen."

„Dann ist es gut, Susanne. Ich möchte dir das bestimmt nicht vermiesen, aber du sollst nicht aus einer Laune heraus eine solche Entscheidung treffen... dafür ist sie zu wichtig. Die Ehe ist eine ziemlich ernste Sache, weißt du?"

„Darüber sind wir uns sehr wohl bewusst."

„Gut. Wann wollt ihr heiraten?"

„Nicht wollen, Mutter, sondern werden. Ende Mai. Der genaue Termin steht noch nicht fest. Werdet ihr kommen, du und Vater?"

„Selbstverständlich!", rief die Mutter mit gespielter Empörung. „Ich hoffe, dass du daran nicht gezweifelt hast! Wenn unser einziges Kind heiratet, werden wir sicher nicht zu Hause sitzen und Karten spielen!"

Susanne lachte. „Ich freue mich darauf. Ihr werdet die Einladung auf jeden Fall rechtzeitig erhalten. Und lasst es euch nicht einfallen, bis dahin einen anderen Termin einzuplanen, nur um eine gute Ausrede zu haben!"

„Versprochen, Susanne. Pass auf dich auf, Kind."

5

Am zweiten Weihnachtsfeiertag lud Marlies Teubner ihre
künftige Schwiegertochter zu sich ins Haus ein. Klaus hatte
ihr die freudige Nachricht so schonend wie möglich über-
bracht, aber natürlich hatte es eine Szene gegeben.
Danach hatten Mutter und Sohn nicht mehr über die
Verlobung gesprochen; trotzdem kam Marlies jetzt nicht
mehr umhin, die Zukünftige ihres Sohnes wenigstens
kennen zu lernen. Vielleicht hoffte sie auch, die Angele-
genheit würde auf diese Weise noch ein „gutes Ende"
finden, wenn sie danach ein ernstes Gespräch mit Klaus
führte.

Susanne war begreiflicherweise äußerst nervös, immerhin sollte sie ihrer künftigen Schwiegermutter begegnen.
Sie wäre bedeutend lieber in ein Restaurant oder ein Café
gegangen, aber Marlies Teubner bestand darauf, dass das
Treffen in ihrem Haus stattfinden sollte. Und obwohl sie
ihre „Schwiegermutter in spe" noch nicht persönlich kannte und bisher noch nicht einmal mit ihr telefoniert hatte,
konnte sie sich ein ungefähres Bild von ihr machen – und
leider nicht das beste.

Klaus zeigte nämlich alle typischen Merkmale eines
„Muttersöhnchens". Bisher hatte Susanne nicht durchsetzen können, dass er seine Kleidung etwas modernisier-
te, und vor allem seine grauenhaften Krawatten gegen
witzige, abwechslungsreiche eintauschte, die besser zu

einem jungen Mann gepasst hätten. Auch hatte Klaus noch keinerlei Anstalten gemacht, nach einer gemeinsamen Wohnung zu suchen.

Vielleicht war sie auch zu ungeduldig. Immerhin waren erst wenige Wochen seit der Verlobung vergangen, und das Jahresende war nahe – sie konnte schließlich nicht alles auf einmal erwarten. Selbst tätig werden durfte sie allerdings auch nicht, Klaus ließ das nicht zu.

„Eins nach dem anderen", hatte er zu ihr gesagt. „Außerdem ist das reine Männersache."

Susanne hätte gern etwas darauf erwidert. Zum Beispiel, dass diese Ansichten antiquiert und heutzutage beide Partner gleichberechtigt waren – aber sie schwieg natürlich. So wichtig war es ihr nicht, dass sie damit eine Unstimmigkeit heraufbeschwören wollte. Außerdem war es ganz angenehm, diese Dinge einfach mal einem anderen zu überlassen und sich nicht wie sonst um alles selbst kümmern zu müssen.

Sie ahnte natürlich schon seit Beginn ihrer Beziehung, dass Klaus eine feste, anerzogene Einstellung zu solchen Dingen hatte. Sie wollte sich aber Zeit lassen, um ihm diese Unsicherheit zu nehmen und ihm zu zeigen, dass er auch ohne „Männersachen" ein vollwertiger Mann war.

Einerseits war sie gerührt darüber, dass Klaus bisher wohl noch keine längere Beziehung gehabt hatte. Andererseits spürte sie, dass dies sicherlich größtenteils an seiner beherrschenden Mutter lag und für sie beide nicht leicht werden würde.

Weil er noch nicht allzu erfahren war, war Klaus natürlich auch in intimen Dingen eher zurückhaltend. Es war noch gar nicht lange her, dass er Susanne schüchtern und mit vielem Herumdrucksen gefragt hatte, wie viele Freunde sie in ihrem Leben denn schon gehabt hätte.

Aber in dieser Hinsicht konnte sie ihn beruhigen. „Du bist erst mein dritter Mann", hatte sie zu ihm gesagt. „Es gab nur zwei Jugendlieben vor dir – meine erste mit 15, die zugleich meine erste große Liebe war, und die zweite mit 17. Diese Freundschaft ging in die Brüche, als ich Dortmund verließ. Hier in Berlin hat es bisher niemanden gegeben. Du brauchst dir wirklich keine Gedanken zu machen..."

„Ich mache mir keine Gedanken, es hat mich eben nur interessiert!"

„Natürlich".

Was das Vorleben ihrer Partnerinnen betraf, hatten wohl viele Männer ein Problem, das war nicht ungewöhnlich. Susanne nahm das deshalb nicht ernst und ging auch nicht weiter darauf ein. Umso weniger Gedanken würde Klaus sich machen und erkennen, wie kindisch ein solches „Verhör" war.

Nun aber stand ihr kein leichter Gang bevor. Klaus hatte ihr die Adresse in Frohnau und eine Wegbeschreibung gegeben, und so machte sie sich rechtzeitig mit ihrem kleinen alten Wagen auf den Weg, um auf keinen Fall unpünktlich zu sein.

Es herrschte kaum Verkehr, was typisch war für den zweiten Weihnachtsfeiertag, und der Polo machte keine Mucken. Susanne traf viel zu früh ein und vertrieb sich die Zeit noch mit einigen Runden durch die Straßen des Bezirks, bevor sie endlich vor dem Anwesen parkte.

„Als würde ich mich um eine Stelle bewerben", dachte Susanne kopfschüttelnd. „Es geht hier doch um etwas ganz Privates, warum bin ich nur so nervös?"

Das Einfamilienhaus hatte einen hübschen Garten, in dem schöne alte Bäume standen. Kaum hatte Susanne die Klingel gedrückt, riss Klaus auch schon die Tür auf. Er wirkte nicht weniger nervös als sie, was Susannes Selbstbewusstsein nicht gerade stärkte.

„Schön, dass du da bist!", rief er. „Hast du gut hergefunden?"

„Kein Problem", antwortete Susanne. Sie wollte Klaus umarmen und küssen, doch der wehrte sie fast erschrocken ab und schielte dabei von der Diele zum Wohnzimmer hinüber.

„Komm, gehen wir hinein. Mutter hat extra einen Marzipanstollen gebacken, und der Kaffee ist schnell fertig!"

Er schob Susanne vor sich her ins Wohnzimmer, wo sie bereits erwartet wurde.

„Mutter, ich möchte dir Susanne vorstellen, meine Verlobte!", rief Klaus stolz.

Danach trat Schweigen ein. Beide Frauen taxierten einander zunächst wortlos und verglichen das Bild, das sie sich gemacht hatten, mit der Wirklichkeit.

„Wisst ihr was? Unterhaltet euch doch, ich sehe inzwischen nach dem Kaffee und schneide den Stollen auf!", schlug Klaus vor und machte, dass er in die Küche kam.

„Nun... das ist ein schönes Kostüm, das Sie anhaben", sagte Marlies Teubner schließlich. „Aber wollen Sie sich nicht setzen, Frau Vohl?"

„Susanne, bitte." Sie setzte sich auf das Sofa. Offenbar hatte sie den ersten Test bestanden. Das war kein Wunder, sie hatte sich ja auch entsprechend gekleidet. Das war das einzige graue Kostüm, das sie besaß. Sie hatte es extra für förmliche Anlässe wie diesen angeschafft. Der Rock reichte bis knapp über die Knie und die Jacke war auf Taille geschnitten. Beides betonte ihre schlanke, zarte Figur. Dazu trug sie schlichte schwarze Pumps mit nicht zu hohen Absätzen.

An dieser Stelle wäre ihre Kommilitonin Tina der personifizierte Alptraum aller Schwiegermütter gewesen – farbenfroh gekleidet, mit kurzer, bunter Punkfrisur, viel Schminke, Modeschmuck und einem Kaugummi im Mund. Susanne musste unwillkürlich lächeln, als sie daran dachte.

Marlies Teubner deutete das Lächeln falsch. „Gefällt Ihnen das Haus?"

Susanne hatte bisher überhaupt nicht darauf geachtet. Rasch warf sie einen Blick in die Runde und nickte. „Es zeugt von einem guten Geschmack", sagte sie höflich. „Konservative Möbel, aber ein wenig zu düster. Nicht unbedingt eine Einrichtung für junge Leute."

„Danke für die Einladung", fügte sie schnell hinzu. „Ich habe mich sehr darauf gefreut, Sie kennen zu lernen."

„Mein Sohn schwärmt ja in den höchsten Tönen von Ihnen", sagte Marlies. „Aber ich mache mir gern ein eigenes Bild. Erzählen Sie mir von sich."

„Also doch ein Bewerbungsgespräch", dachte Susanne. „Bin ich wohl für den Posten als Schwiegertochter geeignet? Entspreche ich den Anforderungen der Ausschreibung?"

Freundlich kam sie der Aufforderung nach. Berichtete von der Arbeit der Eltern, ihrer unbeschwerten Kindheit, dem Studium in Berlin.

„Das Ergebnis der Zwischenprüfung ist glücklicherweise endlich eingetroffen", schloss sie ihren Lebenslauf. „Ein schönes Weihnachtsgeschenk, das mich sehr zum Weitermachen motiviert."

„Lieben Sie die Arbeit mit Kindern?"

Eine ziemlich dämliche Frage, denn sonst hätte sie diese Studienwahl doch wohl kaum getroffen. Als Alibistudium eignete es sich auf keinen Fall.

„O ja, sehr. Ich kann es gar nicht erwarten, zu unterrichten."

„Ich hoffe, dass Sie sich nicht allein von romantischen Vorstellungen leiten lassen", meinte Marlies. „Kinder sind kein Sonnenschein. Sie sind sehr anfällig für Krankheiten und widersprechen ständig. Sie gehorchen nicht und begeben sich unnötig in Gefahr. Sie sind undankbar, vor allem ihren Eltern gegenüber – trotz all der Opfer, die diese aufbringen müssen. Heutzutage werden die Kinder schon von klein auf dazu erzogen, nur an sich zu denken und damit die Mitmenschen zu missachten und verschwenderisch zu leben."

Susanne war jetzt verunsichert. Was bezweckte Marlies Teubner mit diesen Äußerungen? Meinte sie das ernst? Oder wollte sie Susanne mit einem übertriebenen Schreckensbild warnen, dass in einer Familie nicht immer alles eitel Wonne und Sonnenschein war? Steckte hinter diesen harten Worten eine verletzte, einsame Frau?

Ihr Gesicht zeigte das jedenfalls nicht. Es war herb und viele Jahre vor der Zeit gealtert, mit strengen, tief eingegrabenen Linien, die Unnachgiebigkeit zeigten. Die hellen Augen waren hart, ohne einen Funken Güte. Also hatte sie diese Bemerkungen vermutlich genau so gemeint.

Aber Susanne wollte nicht sofort aufstecken. Eine Voraussetzung ihres Berufes war es, nicht nur mit den Kindern, sondern auch mit deren Eltern gut umgehen zu können. Mit viel Geduld und Nachsicht.

„Das alles gehört zur Lebenserfahrung", sagte Susanne. „Sie müssen die Grenzen kennen lernen und erfahren, dass die Welt sich nicht nur um sie dreht. Es ist wichtig, dass man ein gutes Mittelmaß in der Erziehung findet. Und es ist ebenso äußerst wichtig, dass ihnen in den ersten Schuljahren Wissen und Disziplin auf eine spielerisch-einprägsame, auf keinen Fall aber autoritäre Weise nahe gebracht werden. Eine gute pädagogische Ausbildung ist unerlässlich. Man braucht allerdings auch Talent."

„Und Sie haben dieses Talent?"

„Bisher konnte ich immer sehr gut mit Kindern umgehen."

„Wünschen Sie sich auch einmal eigene Kinder?"

„Selbstverständlich."

Marlies ordnete mit gewissenhafter Pedanterie ihr Gedeck. „Es ist natürlich die Bestimmung, aber auch Erfüllung einer jeden Frau, Kinder zu haben. Und es ist sehr wichtig, wie Sie sagen, sie richtig auf das Leben vorzubereiten."

Die Witwe sah Susanne eindringlich an. „Mein Sohn hat seinen Vater sehr früh verloren. Werner war zehn Jahre älter als ich und war als Jurist in der Justizverwaltung tätig. Er hatte bereits eine beachtliche Karriere hinter sich und war auch weiterhin auf dem Weg nach oben. Sein Ehrgeiz war sein größter Antrieb. Schon, als wir uns kennen lernten. Ich war damals noch sehr jung... ja, ungefähr so wie Sie. Ich habe ihn unterstützt, wo ich nur konnte."

„Das hat ihm sicher sehr geholfen", warf Susanne ein.

„Ich sah es als meine Pflicht als seine Ehefrau an. Wir hätten es sicher bis ganz nach oben geschafft, als er plötzlich..." Marlies beendete den Satz nicht. Sie setzte eine weinerliche Miene auf.

Aber die Trauer nahm ihr Susanne nicht einen Moment ab. Nicht nach so langer Zeit! Marlies wirkte einfach zu berechnend und gefiel sich ganz offensichtlich in der Rolle der Witwe.

„Das tut mir Leid", sagte Susanne. Obwohl sie diese Frau durchschaute, empfand sie wirklich Mitleid. Es war sicherlich sehr tragisch gewesen, so jung den Mann zu verlieren – und nicht mehr den Weg bis zur Spitze schaffen zu können.

Marlies nickte gnädig, als wäre es eine Gunst von ihr, das Mitgefühl anderer anzunehmen. Gefasst sagte sie: „Er war stets so gesund und vital, verstehen Sie? Es war ein Gehirnschlag! Er fiel ins Koma und zwei Tage später starb er. Ich konnte damals gar nicht begreifen, was geschah... und wusste nicht, wie ich es Klaus erklären sollte."

„Das kann ich mir vorstellen", versicherte Susanne.

„Es war eine sehr schwere Zeit", fuhr Marlies fort. „Klaus hat sehr darunter gelitten, dass sein Vater uns für immer verlassen hatte. Immerhin waren wir durch die Beamtenpension finanziell versorgt, und das Haus war bereits voll abbezahlt. Trotzdem hat es unser Leben von Grund auf verändert. Vor allem habe ich versucht, für Klaus Mutter und Vater zu sein. Er sollte niemals spüren müssen, dass er nicht mehr beide Eltern hatte. Ich habe ihm all meine Liebe gegeben. Außerdem förderte ich Klaus, wo ich nur konnte. Ich weiß, dass es manchmal sehr schwer für ihn war, wenn er lieber mit seinen Freunden spielen wollte, statt zu lernen, aber eines Tages wird er mir dafür dankbar sein. Er wird einmal mehr erreichen als sein Vater, selbst wenn er nicht studiert hat."

Susanne lächelte. „Ja, Klaus hat mir erzählt, dass er nicht gern studieren wollte."

60

Ihr Verlobter hatte ihr gegenüber einmal gestanden, dass ihm das Lernen nie leicht gefallen war, und dass das Abitur hart und mit einer Portion Glück erkämpft worden war. Aber seine Mutter hatte es nicht zugelassen, dass er schon nach der Mittleren Reife abging, um sich „die Chancen nicht zu verbauen".

Das Durchhaltevermögen für ein betriebswirtschaftliches Studium hätte er jedoch niemals aufgebracht – und mit gerade mal durchschnittlichen Noten hatte man auch mit Diplom nicht die besten Aussichten für eine schnelle, steile Karriere in der Wirtschaft. Das hatte seine Mutter notgedrungen einsehen müssen.

„Oh, das kann er doch immer noch, wenn es notwendig sein sollte! Aber er hätte dann doch zu viel Zeit verloren", erwiderte Marlies. „Gerade bei einer Bank ist der frühe Einstieg sehr wichtig. Sollte ein Studium für einen späteren Posten notwendig sein, kann er das immer noch berufsbegleitend tun. Bis dahin aber ist er den Studenten – verzeihen Sie bitte – schon weit voraus. Er hat eine solide Ausbildung hinter sich gebracht, verdient gutes Geld – und der sicherste Arbeitsplatz mit den besten Chancen ist immer noch eine Bank."

„Ich halte es für ungeheuer wichtig, dass Klaus vor allem Freude an seiner Arbeit hat", sagte Susanne vorsichtig. „Immerhin verbringt er den größten Teil des Tages dort."

„Sie können die Wirtschaft nicht mit dem Schulhof vergleichen", wies Marlies sie zurecht. „Haben Sie vor,

Ihr Studium zu beenden, wenn Sie mit Klaus verheiratet sind?", schwenkte sie dann plötzlich um.

„Selbstverständlich", antwortete Susanne überrascht. Ihr Blick glitt suchend zu der Tür, durch die Klaus vor geraumer Zeit verschwunden war. Doch es sah nicht so aus, als ob er zurück kehren würde, bevor das Verhör beendet war. Vermutlich hatte die Mutter das ihrem Sohn eingetrichtert.

Es konnte natürlich auch sein, dass er wirklich so lange brauchte, und sie selbst war gerade dabei, eine typische Schwiegermutter-Paranoia zu entwickeln.

„Denken Sie denn, Beruf und Familie miteinander vereinbaren zu können?", forschte Marlies unerbittlich weiter.

Susanne nickte. „Ich halte es sogar für sehr wichtig, dass eine Frau sich ihre Selbständigkeit bewahrt."

„Ich würde nicht sagen, dass eine Hausfrau unselbständig ist. Sie hat eine sehr ehrenvolle und schwere Aufgabe", widersprach die Witwe. „Aber gerade, weil Sie Kinder so sehr lieben, sollten Sie die Nachteile bedenken, wenn Sie arbeiten gehen. In dieser Zeit vernachlässigen Sie Ihre Kinder automatisch. Und bis sie volljährig sind, ist jedes Entwicklungsstadium von entscheidender Bedeutung. Da sollte man nichts versäumen."

„Nun, wenn ich eine Weile gearbeitet habe, muss ich nicht mehr so viel Stoff vorbereiten", lächelte Susanne. „Ich bin sowieso nur vormittags in der Schule, die restlichen Arbeiten kann ich dann größtenteils zu Hause erledigen. Gerade in meinem Beruf kann ich wunderbar alles miteinander verbinden. Sobald die Kinder im Kindergarten sind und ich alleine zu Hause, würde mir ohnehin die Decke auf den Kopf fallen, da bin ich mir ganz sicher."

Marlies verzog die Miene ein wenig schmerzvoll. „Wenn Sie meinen..."

Es war ihr deutlich anzusehen, dass ihr Susannes Widerspruch absolut nicht passte. Doch es war die erste Begegnung, und ihre bürgerliche Höflichkeit, zu der sie sich als Gastgeberin verpflichtet fühlte, ließ es nicht zu, dass sie ihre Gedanken offen aussprach.

„So, endlich ist alles fertig!", platzte Klaus glücklicher-weise in die etwas angespannte Stimmung. Er kam mit einem Tablett, auf dem eine Warmhaltekanne und eine Kuchenplatte mit aufgeschnittenem Stollen standen. „Entschuldigt, aber ich hatte versäumt, den Filter richtig einzusetzen... daher hat es etwas gedauert."

„Das macht doch nichts", meinte Marlies mit gekün-steltem Lächeln. „Wir haben uns inzwischen sehr gut unterhalten. Nicht wahr, meine Liebe?"

Susanne lächelte, wenn auch ebenfalls etwas gequält. Sie wäre in diesem Moment überall lieber gewesen, als gerade hier, in diesem Haus. Fast so, als wäre sie im Netz einer Spinne, kam es ihr vor. Die Spinne thronte in ihrem Netz, absolutistische Herrscherin über ihr kleines Reich, jeden potenziellen Widerpart verschlingend.

„Warum müssen Frauen so zueinander sein?", dachte Susanne traurig. „Ich bin doch keine Konkurrenz, ich nehme ihr den geliebten Sohn doch nicht weg. Er ist kein Kind mehr, er muss sein eigenes Leben aufbauen. So kann es doch nicht in alle Ewigkeiten weitergehen..."

„Nun, Susanne, hat sie dich genauestens über alles ausgehorcht?", wollte Klaus gut gelaunt wissen, während er Kaffee eingoss und den Stollen verteilte. Automatisch kippte er in Susannes Tasse etwas Sahne, bevor er sie und die Zuckerschale an seine Mutter weiterreichte.

In Marlies' Augen blitzte etwas auf, was die beiden jungen Leute jedoch nicht bemerkten. Sie bediente sich und reichte dann Zucker und Sahne an Klaus zurück.

„Ich glaube, es fehlt nichts mehr", antwortete Susanne und lächelte ihre künftige Schwiegermutter an. „So viel gibt es ja auch nicht zu berichten."

„Es war trotzdem interessant." Marlies bemühte sich um Natürlichkeit. „Bitte, probieren Sie doch von dem Stollen."

„Danke." Susanne kostete vorsichtig, und ihr Gesicht bekam einen verklärten Ausdruck. „Einfach köstlich!", äußerte sie sich begeistert.

„Es ist ein original Dresdner Rezept", erläuterte Marlies. Amüsiert sah sie Susanne zu, wie diese ihr Stück voller Genuss verspeiste und gleich nach der nächsten Scheibe griff.

Plötzlich erschrocken hielt sie inne. „Oh, Verzeihung... darf ich?"

Marlies winkte auffordernd. „Bitte, bitte, nur zu... essen Sie nur, wir haben genügend da!" Ihre starre Miene

64

löste sich ein wenig auf. „Es freut mich, dass es Ihnen schmeckt!"

„Das tut es wirklich. Ich habe noch nie einen so guten Stollen gegessen, ganz ehrlich!"

„Ich habe dir ja gesagt, Mama, du solltest viel mehr Leute in den Genuss deiner unerreichbaren Koch- und Backkünste kommen lassen", sagte Klaus fröhlich.

„Nun übertreib mal nicht, Junge", wehrte Marlies ab, doch sie war sichtlich geschmeichelt.

Die Stimmung wurde gelöster, und in der nächsten halben Stunde unterhielten sie sich recht gut zu dritt. Bis Marlies Teubner dann wieder auf ein heikles Thema kam: „Nun, sprechen wir von eurer Zukunft. Wann hattet ihr vor zu heiraten?"

„Ende Mai", antworteten beide wie aus einem Mund.

„Schön, darin seid ihr euch also einig", stellte Marlies spöttisch fest. „Und wie soll die Hochzeit aussehen?"

Klaus sah Susanne auffordernd an, die daraufhin erklärte: „Wir wollen eine harmonische Feier in einem entsprechenden Ambiente, mit Musik und Tanz. Eingeladen werden natürlich die Familienmitglieder, ein paar Freunde und Arbeitskollegen von Klaus. Nichts Großes."

„Ihr werdet euch doch hoffentlich kirchlich trauen lassen?"

„Ja, das gehört doch dazu. Für das Standesamt ist keine Feier gedacht, nur für die Kirche."

„Wie haben sich denn Ihre Eltern zu der Neuigkeit verhalten, Susanne?"

„Sie freuen sich selbstverständlich. Wenn sie Zeit haben, werden sie vorher einmal nach Berlin kommen – oder wir nach Dortmund fahren, damit sie Klaus wenigstens vor der Hochzeit kennen gelernt haben!", lachte Susanne.

Marlies trank ihre Tasse leer. „Ich sehe es positiv, dass ihr die Hochzeit erst in fünf Monaten angesetzt habt. Dann bleibt wenigstens noch genügend Bedenkzeit, um euch über eure Gefühle klar zu werden."

„Über unsere Gefühle sind wir uns bereits jetzt klar, Mutter", gab Klaus zurück. „Wenn wir Sommer hätten, würden wir so schnell wie möglich heiraten. Der einzige Grund, warum wir noch warten, ist – wir wollen einigermaßen schönes und warmes Wetter haben, um vielleicht im Freien feiern zu können."

„Nun gut, dann werden wir es dabei belassen. Ich weiß, dass es heutzutage üblich ist, dass die jungen Leute bereits vor der Hochzeit zusammen ziehen. Ich hätte also in dieser Hinsicht keine Einwände. Platz ist genug hier, und die notwendigen Umbauten können wir nach und nach vornehmen."

Das junge Paar sah sich an. Susanne spürte ein eisiges Kribbeln in ihrem Nacken. Etwas in der Art hatte sie befürchtet. Was nun? Klaus sah jedenfalls ziemlich hilflos vor sich hin, also blieb es wohl an ihr hängen.

„Frau Teubner", begann sie vorsichtig, „wir... ähm... suchen bereits nach einer Wohnung..."

„Aber wieso das denn?", fragte die Witwe erstaunt. „Das Haus ist sehr groß, der ideale Platz für Kinder. Wir haben viel Grün um uns herum, einen eigenen Garten, und es gibt Spielplätze in der Nähe. Die Verbindungen zur Stadtmitte sind ausgezeichnet. Weshalb wollt ihr euch in eine kleine, viel zu teure Wohnung quetschen, womöglich noch mitten in der Stadt, in all dem Lärm und den Abgasen?"

„Es ist so, weil... na ja...", stammelte Klaus, „wir hätten gern was Eigenes..."

„Ich verstehe dich nicht, Klaus!", rief seine Mutter. „Das Haus gehört dir doch bereits! Oder willst du, dass ich hier ausziehe?"

„Auf keinen Fall, Frau Teubner", warf Susanne erschrocken ein. „Klaus meint auch nicht, dass wir eine Wohnung kaufen, sondern wir wollen uns etwas mieten."

Marlies schüttelte verständnislos den Kopf. „Wozu wollt ihr so viel Geld ausgeben? Susanne ist doch noch im Studium, und so hoch ist dein Verdienst auch wieder nicht, Klaus! Bisher hat es dir doch auch gefallen, in diesem Haus zu leben, oder nicht?"

„Aber natürlich." Klaus wand sich wie ein Aal. „Trotzdem... würde ich gern die Erfahrung machen..."

„Dich auf eigene Füße zu stellen, wie?" Marlies Teubner warf die Serviette auf den Tisch. „Das willst du mir doch jetzt vorwerfen, nicht wahr? Dabei habe ich es immer nur gut gemeint... auf alles verzichtet, nur damit es dir an nichts mangelt!"

67

Susanne merkte, dass die Auseinandersetzung auf einen Streit hinauslief. Sie konnte unter keinen Umständen zulassen, dass Mutter und Sohn so aneinander gerieten.

„Bitte, darf ich etwas dazu sagen?", begann sie, um Aufmerksamkeit bittend. Ohne eine Antwort abzuwarten, fuhr sie gleich fort: „Es liegt vor allem an mir, Frau Teubner. Ich... möchte mich unter gar keinen Umständen zwischen Sie und Klaus drängen. Ganz im Gegenteil. Ich finde es wunderbar, wenn eine so enge Beziehung zwischen Eltern und Kindern besteht. Aber... verstehen Sie mich richtig... ich möchte Ihnen nicht zumuten, dass Sie sich verpflichtet fühlen, auch weiterhin den Haushalt zu führen, wenn wir bei Ihnen einziehen. Und das wäre doch unweigerlich so, nicht wahr, denn schließlich haben Sie dieses Haus mit Ihrem Mann gekauft und eingerichtet und seither für beste Ordnung gesorgt. Ich könnte das niemals in Ihrem Sinne so weiterführen. Aber ich kann auch nicht dasitzen und die Hände in den Schoss legen. Verstehen Sie, was ich meine?"

Marlies, die zuvor hektisch ihre Finger geknetet hatte, entspannte sich etwas. „Ja", gab sie dann widerwillig zu. „Es wäre natürlich schon ein Problem, zwei Frauen, die einen Haushalt führen wollen... Mutter und Schwiegertochter. Das wäre eine sehr schwierige Situation."

„Und darunter würde vor allem Klaus zu leiden haben – Sie beide. Das gute Verhältnis, das Sie jetzt haben, soll doch bestehen bleiben", redete Susanne umsichtig weiter.

„Ich will mich nicht dazwischendrängen. Sie sollen Ihren Sohn nicht verlieren, sondern eine Familie dazu gewinnen. Aber dazu brauchen wir ein bisschen Abstand – damit Sie Ihr Leben und wir unser Leben führen können. Das hindert uns keinesfalls daran, uns so oft wie möglich zu sehen. Viele Konflikte können wir auf diese Weise vermeiden. Dass wir nicht hier wohnen, muss doch kein Nachteil sein, nicht wahr?"

Marlies schwieg.

„Es wird für mich natürlich eine große Umstellung sein, aber ich glaube, dass Susanne Recht hat", sagte Klaus.

Susanne atmete auf. Wenigstens war er nicht wieder umgefallen und hatte seiner Mutter nachgegeben. Das hatte Susanne die ganze Zeit befürchtet, obwohl sie Klaus in dieser Hinsicht intensiv bearbeitet hatte.

„Vielleicht können wir ja später einmal alle unter einem Dach leben, wenn wir älter geworden sind und uns die Hörner abgestoßen haben. Schau mal, du brauchst uns jetzt doch auch gar nicht zur Unterstützung. Du könntest dein eigenes Leben führen, eine Menge unternehmen... und müsstest nicht mehr dauernd auf die Uhr schauen, wenn ich wieder mal zu spät nach Hause komme."

Marlies' Finger spielten mit dem Spitzendeckchen auf der Sessellehne. „Was soll ich denn ganz allein in diesem Haus? Das doch sinnlose Platzverschwendung", klagte sie. „Nein, ich verstehe euch nicht. Es könnte doch so schön sein hier, mit einer jungen Familie..."

Klaus lächelte versöhnlich. „Weißt du was? Wir könnten uns eine Wohnung ganz in deiner Nähe suchen. Das wäre ein guter Kompromiss, meinst du nicht?"

Susanne biss sich auf die Unterlippe. Diesen Kompromiss wollte sie ganz und gar nicht eingehen, aber dazu musste sie jetzt schweigen, um es nicht doch noch zum Eklat kommen zu lassen. Klaus war noch nicht so weit, sich aus der emotionalen Abhängigkeit von seiner Mutter zu lösen. Das konnte sie nicht von heute auf morgen erwarten. Wenn sie erst verheiratet waren, würde das ganz sicher mit der Zeit besser werden. Als Erstes würde sie eine Wohnung suchen, die so weit außerhalb des Einflussbereiches der Schwiegermutter lag, dass der Weg zu Fuß nicht zu bewältigen war, um die notwendige Distanz herzustellen. Klaus musste es lernen, sich auf eigene Füße zu stellen, eigene Entscheidungen zu treffen, und vor allem loyal zu seiner Ehefrau zu stehen, und nicht nur zu seiner Mutter.

Das war ein langer und schwerer Weg, doch Susanne war guten Mutes. Sie liebte Klaus und hätte alles für ihn getan. Niemand war perfekt. Klaus war ein guter Mann, und seine Mutter ein wenig zu beherrschend, aber nicht wirklich böse. Wahrscheinlich tat es ihr gut, aus ihrer selbst gewählten Einsamkeit einmal aufgerüttelt zu werden.

„Sie müssen auch mich verstehen", wandte Marlies sich an Susanne. „Ich will, dass mein Sohn glücklich wird. Ich könnte mir nie verzeihen, wenn eine Beziehung, die ihm so sehr am Herzen liegt, in die Brüche gehen würde."

„Diese Garantie hat doch niemand", dachte Susanne. Laut sagte sie allerdings: „Das will ich auch unter keinen Umständen. Ich habe Klaus sehr lieb, und ich denke, er mich auch. Von Anfang an haben wir gewusst, dass wir zusammen gehören. Das klingt vielleicht ein wenig kitschig, aber es ist wirklich so."

„Nun... das ist ja sehr schön, wenn Sie so davon überzeugt sind", versetzte Marlies herablassend. „Ich wünsche mir, dass Sie damit Recht haben. Natürlich muss ich Sie erst noch besser kennen lernen, ein Urteil über Sie kann ich mir gegenwärtig noch nicht erlauben. So weit ich es aber jetzt schon einschätzen kann, sind Sie ein anständiges, zurückhaltendes und gut erzogenes Mädchen, und das ist schon sehr viel wert."

Susanne musste schlucken, und sie merkte, wie sich ihr Inneres zusammenkrampfte. Auch wenn diese Frau nicht bewusst böse war, so fehlte es ihr doch eindeutig an diplomatischem Gespür, und das tat ihr weh. Diese ganze Szene hatte auf einmal etwas von einer steifen Hofzeremonie an sich, bei der die Königinmutter unnachsichtig über die Zukunft der jungen Gemahlin des künftigen Königs bestimmte.

Sie blickte auf die Uhr. „Oh, schon so spät!", tat sie erschrocken. Sie erhob sich. „Dann will ich nicht länger stören. Nochmals vielen Dank für den hervorragenden Stollen. Ich freue mich, Sie kennen gelernt zu haben."

Marlies stand ebenfalls auf und reichte Susanne die Hand. „Auf Wiedersehen", war alles, was sie sagte.

Klaus eilte in die Küche, wo man ihn mit Papier rascheln hörte. Kurz darauf kam er mit einem eingewickelten Stück Marzipanstollen zurück und drückte ihn Susanne in die Hand. Er begleitete seine Verlobte zur Tür, gab ihr jedoch auch jetzt keinen Kuss.

„Du warst wunderbar", flüsterte er. „Ich liebe dich. Bis morgen."

Dann stand Susanne wieder draußen. Sie wusste nicht, ob ihr nach Lachen oder Weinen zumute war. Alles in allem war der Nachmittag gut gelaufen, und Marlies würde wohl keine Schwierigkeiten bei den Hochzeitsvorbereitungen machen. Die Sache mit der Wohnung war auch schon geklärt. Und sie lehnte Susanne nicht grundsätzlich ab. Trotzdem war sie nicht glücklich. Sie hätte Marlies so gern für sich gewonnen, dann wäre es auch für Klaus leichter gewesen. Aber die „gute Schwiegermutter" war wohl doch nur ein Märchen oder eine solche Rarität, dass nur Wenige auserwählt waren, sie zu bekommen.

Als Susanne wieder im Wagen saß, atmete sie erst einmal tief durch. „Ach, was soll's", munterte sie sich dann selbst auf, als sie abfuhr. „Das Wichtigste ist, dass Klaus und ich zusammen sind und uns lieben. Alles andere wird sich schon regeln."

6

Die nächsten Monate bis zur Hochzeit vergingen wie im Flug. Klaus und Susanne waren unzertrennlich und hielten an ihren Hochzeitsplänen fest.

Als Marlies Teubner merkte, dass die Wochen der „Bedenkzeit" verstrichen, ohne dass Klaus reumütig zu ihr zurück kehrte, sah sie sich zum Handeln gezwungen.

Sie plane, erklärte sie Susanne, einiges in ihrem Haus zu verändern und vor allem die Möbel zu modernisieren, und benötige dazu unbedingt den Rat ihres Sohnes.

Gemeinsam durchstöberten also Mutter und Sohn verschiedene Möbelhäuser. Marlies forderte Klaus unter anderem auf, eine Schlafzimmereinrichtung nach seinem Geschmack – der ja moderner sei als ihrer – auszusuchen, außerdem ein Arbeitszimmer und Möbel für ein Wohnzimmer... und so ganz nebenbei zeigte sie ihm, welche Kinderzimmer sie gut fände.

Klaus gab seine Kommentare ab, wanderte ruhelos mit dem Meterstab durchs Haus und zeichnete Pläne in grobem Maßstab. Er freute sich darüber, dass seine Mutter einmal ihn um Rat fragte; sonst war es immer umgekehrt gewesen. Als er eines Tages Susanne davon erzählte, fiel diese beinahe aus allen Wolken.

„Merkst du denn nicht, worauf das hinausläuft?", rief sie aufgebracht. „Wozu, bitte, braucht deine Mutter ein Kinderzimmer? Oder sogar ein Arbeitszimmer?"

„Sie hat mir nur gezeigt, was es heutzutage so alles gibt und was ihr gefallen würde", verteidigte sich Klaus. „Sozusagen als Anregung für uns. Mehr nicht!"

Aber Susanne ließ nicht locker. Sie zwang Klaus, seiner Mutter unmissverständlich klar zu machen, dass sie unter keinen Umständen zu ihr ziehen würden, auch nicht, wenn sie ihr Haus mit einer neuen Einrichtung ausstattete. Glücklicherweise hatte Susanne von diesen Plänen erfahren, bevor die Möbel fest bestellt worden waren.

Marlies war dann einige Zeit verschnupft, vor allem Klaus gegenüber, der sehr darunter litt. Das Aussuchen der Möbel hatte ihr sichtlich Freude gemacht, und nun hatte er ihr wehgetan. Er gab ausschließlich sich die Schuld an diesem „Missverständnis" und bat so lange verzweifelt um Verzeihung, bis sie ihm endlich die Gnade erwies.

Dieser Vorfall trübte die Freude auf das bevorstehende Ereignis ein wenig, aber nicht für lange. Marlies verlegte sich darauf, Klaus wie gewohnt „um Hilfe" zu bitten, um ihn bei sich zu haben. Doch je näher der Termin rückte, desto unruhiger wurde Klaus, wenn er bei seiner Mutter war, und schließlich hatte er sogar den Mut, ihr abzusagen, weil er zu viel zu tun hätte. Marlies war gekränkt, nahm es aber hin. Der Auszug ihres Sohnes war offenbar nicht mehr zu verhindern.

Schließlich war der große Tag gekommen.

Susanne hatte wie versprochen Tina als Trauzeugin genommen, die es tatsächlich fertig brachte, dezent geschminkt und geschmückt in einem ebenso dezenten Kleidchen zu erscheinen. Sie sah wie eine Elfe aus und brachte so richtig Leben in die Hochzeitsfeier. Im Hochzeitsalbum war sie später wie das Brautpaar auch auf fast allen Bildern zu sehen, sprühend vor Energie und Fröhlichkeit. Sie wurde dabei übrigens zufällig von einem Modefotografen entdeckt und zu Probeaufnahmen eingeladen, was sie kichernd zur Kenntnis nahm, um dann trotzdem aus Neugier zum Termin in dem Studio zu erscheinen. Bereits ein halbes Jahr später war sie ein hoch bezahltes Model, das auf der ganzen Welt für Werbung und Kosmetik gebucht wurde.

Die Fotos vom jungen Brautpaar waren alle sehr gelungen. „Ein schönes Paar", war der einmütige Kommentar sämtlicher Gäste. Beide strahlten vor Glück. Während der gesamten Zeit der Vorbereitung hatte es nicht eine Minute des Zweifels gegeben.

Susannes Eltern, beide groß und gewandt, hatten ebenfalls beeindruckt. Man merkte, dass sie viel von der Welt gesehen hatten und es gewohnt waren, sich in der Öffentlichkeit zu bewegen. Sie wirkten gelöst und heiter und waren auf nahezu jedem Bild mit einem Sekt- oder Weinglas in der Hand zu sehen.

Marlies Teubner, obwohl sehr viel jünger als die Brauteltern, waren ihre zwiespältigen Gefühle auf den Fotos deutlich anzusehen. Wenn sie lächelte, blieben ihre Augen doch düster, häufig aber wirkte sie eher abwesend, so als könne sie nicht glauben, was sie gerade erlebte.

Immerhin hielt sie eine sehr gute Rede vor dem Anschnitt der Hochzeitstorte, zuerst auf den Sohn und dann auf die Schwiegertochter, und erhielt großen Beifall dafür. Susanne hatte feuchte Augen bekommen und die Schwiegermutter herzlich umarmt. Leider war Marlies' Gesicht auf diesem Bild von Susannes Schleier verdeckt. Auf dem Bild, wo sie zusammen mit ihrem Sohn in einer innigen Umarmung zu sehen war, zeichnete sich allerdings deutlich eine Tränenspur auf ihrer rechten Wange ab.

Es war eine schöne Hochzeit. Niemand benahm sich daneben, und es kam zu keinen peinlichen Szenen. Alle amüsierten sich nach Herzenslust und tanzten bis in die frühen Morgenstunden. Die Kosten für die Feier bestritten nach langen Diskussionen Mutter und Eltern zu gleichen Teilen.

Noch vor der Hochzeit war Susanne energisch daran gegangen, eine passende Wohnung zu finden. Klaus hatte bisher nichts so recht auf die Beine stellen können – oder wollen; dessen war sich Susanne nicht ganz sicher. Die Trennung von seiner Mutter fiel ihm sicherlich sehr schwer, weswegen er wohl auch nur mit halbem Herzen gesucht hatte, obwohl er mehrfach klar gemacht hatte, dass das eher seine Aufgabe sei.

Nach kurzer Zeit wurde Susanne fündig, und zwar in Hermsdorf, in der Nähe des Tegeler Forstes. Ein entzückendes, älteres Reihenhäuschen, das Anfang Juni bezugsfertig war. Nicht sehr groß, aber mit zwei Kinderzimmern, einem Schlafzimmer und einem Bad im ersten

Stock. Wohnzimmer, eine große Küche und die Gästetoilette befanden sich im Erdgeschoss. Es musste zwar einiges renoviert werden, aber es war nicht teuer und lag in einer ruhigen Seitenstraße – und nicht weit weg von Frohnau. Susanne machte sich keine Illusionen. Sie wusste, dass Klaus in der Nähe seiner Mutter bleiben wollte.

Aber auch für sie war es von Vorteil, wenn der Nachwuchs erst einmal da war und die Oma zum Babysitting einspringen konnte. Sie hielt es für wichtig, dass Marlies sich als Bestandteil der Familie fühlte, denn nur so konnten Konflikte vermieden werden.

Susanne wusste, dass sie beide zwar noch sehr jung waren, um jetzt schon an Kinder zu denken. Aber sie liebte Kinder einfach zu sehr und wollte sie nicht nur unterrichten, sondern auch eigenen Nachwuchs erziehen. Sie war der Ansicht, dass junge Eltern am besten für Kinder waren, weil der Altersunterschied nicht so hoch war. Klaus hatte sich zu ihren Wünschen nicht negativ geäußert. „Es würde mir gefallen, Vater zu sein", meinte er.

Zuerst zeigte er sich enttäuscht, weil Susanne so schnell fündig geworden war, verliebte sich dann aber auf Anhieb in das Haus und den kleinen Garten.

„Hier werden wir zu Hause sein!", rief er pathetisch aus, hob die überraschte Susanne plötzlich auf seine Arme und trug sie über die Schwelle ins Innere des Hauses.

„Jetzt werden wir vor allem feststellen, ob wir überhaupt zusammen leben können", meinte Susanne mit einem hintergründigen Lächeln.

„Hör mal, immerhin haben wir wochenlang in deinem kleinen Zimmer..."

„Das war kein richtiges Zusammenleben. Du konntest nicht bleiben, so lange du wolltest, damit ich nicht rausfliege, und es war ein Wohnheim. Jetzt wird sich zeigen, ob wir wirklich zusammen passen!"

„Ich sehe da kein Problem", behauptete Klaus.

Auf die Hochzeitsreise hatten sie verzichtet, weil Susanne so schnell wie möglich den Umzug gestalten wollte. Einige Wochen vorher hatten sie bereits jede freie Stunde im Haus verbracht und fleißig gewerkelt – den Fußboden erneuert, die Wände tapeziert, Küche und Bad hergerichtet.

Eines Abends hockten sie schließlich erschöpft zwischen Tapetenresten, Malerkübeln, Eimern voll Leim und jeder Menge Zeitungspapier. An beiden waren deutliche Spuren der Renovierung zu erkennen, sogar in ihren Haaren. Aber sie waren zufrieden, denn sie konnten bald einziehen.

„Es wird wundervoll", seufzte Susanne.

Irgendwie hatte sie es fertig gebracht, während dieser Zeit noch Möbelhäuser abzuklappern, Klaus an den Samstagen hinzuschleppen und ihm die Auswahl zu zeigen und schließlich zu bestellen. Ihre Eltern hatten ihr eine beachtliche Aussteuer gegeben, und auch Marlies hatte sich nicht lumpen lassen. Obwohl sie vor allem nach preisgünstigen Möbeln gesucht hatten, mussten sie doch einen kompletten Hausstand gründen, und dafür ging fast das ganze Geld drauf.

„Aber das macht gar nichts", behauptete Klaus zuversichtlich. „Ich habe mich zu Seminaren angemeldet, um mich zum Berater weiterbilden zu lassen. Die nächste freie Stelle wird mir gehören, und dann verdiene ich ein ganzes Stück mehr – abgesehen von den Provisionen!"

„Sobald ich Semesterferien habe, werde ich mir auch einen Job suchen. Es wird uns wirklich an nichts fehlen", freute sich Susanne.

Klaus blinzelte verwundert. „Einen Job? Weshalb das denn?"

„Na, um etwas dazu zu verdienen!"

„Aber musst du nicht lernen?"

„Die nächsten wichtigen Prüfungen stehen erst in einem Jahr an, Klaus. Dafür habe ich noch genug Zeit, außerdem gibt es nach dem Wintersemester spezielle Seminare, die darauf vorbereiten. Und ich bin ziemlich gut, weißt du? Ich habe während des Semesters nicht geschludert und den Stoff noch ganz gut im Gedächtnis!"

Klaus machte weiterhin ein langes Gesicht. „Trotzdem... es ist doch nicht unbedingt notwendig, dass du irgend so einen schlecht bezahlten Job suchst, bei dem du doch nur Hilfsarbeiten zu verrichten hast!"

Susanne runzelte die Stirn. „Ich verstehe dich nicht, Klaus. Soll ich etwa den ganzen Tag hier sitzen und stricken?"

„Du könntest dich doch im Garten betätigen…"

„Hör mal, der Garten ist nur so groß wie ein Handtuch, wenn ich mich da einmal in der Woche einen halben Tag betätige, reicht das. Was hast du denn?"

Klaus hob die Schultern. „Ich bin eben altmodisch. Ich bin der Ansicht, dass der Mann für den Unterhalt der Familie aufzukommen hat, nicht die Frau. So etwas wird doch von einem erwartet, nicht wahr? Wie sieht das denn nach außen hin aus?"

Susanne starrte ihn verdutzt an, dann lachte sie. „Aber Klaus, ich mache das, weil es mir Spaß macht! Ich will nicht nur so herumsitzen. Kannst du das nicht verstehen?"

„Es geht dir also nicht nur ums Geld und darum, dass du meinst, mein Verdienst reicht nicht?" Das klang besorgt.

Susanne legte ihre Arme um ihn. „Nein, ganz bestimmt nicht. Wie kommst du nur darauf, dass ich daran zweifle? Du bist doch so fleißig. Aber wir sollten uns die Arbeit teilen, wie wir unser ganzes Leben von nun an teilen werden. Das bedeutet", sie kraulte ihn unter dem Kinn, „dass du im Haushalt mithelfen musst, ob es dir passt oder nicht!"

Er grinste. „Tut mir Leid, ich habe zwei linke Hände."

„Na, zum Staubsaugen und um den Müll rauszutragen wird es schon reichen. Hast du das bei Marlies nie machen müssen?"

Er schüttelte den Kopf.

„Bist du aber verwöhnt!", spottete sie.

„Ich werde mich bessern", versprach er. Er streichelte ihre Wange, die vollerr Farbe war. „Hübsch siehst du aus, mit diesen weißen Sommersprossen, Frau Teubner."

„Das passende Ebenbild zu dir, Herr Teubner."

Sie küssten sich.

Marlies Teubner hatte alles aus der Distanz beobachtet. Auch nachdem Susanne das Haus bereits angemietet hatte, sprach sie Klaus noch einmal darauf an, ob sie nicht doch bei ihr wohnen wollten. Sie fand immer neue Argumente, ihren Sohn in Bedrängnis zu bringen. Zuletzt kam immer der Satz, dass sie sich Sorgen um ihn mache.

Für Klaus fiel es sehr schwer, darauf zu antworten. Er zog es in dieser schwierigen Zeit vor, so viel wie möglich bei Susanne zu wohnen. Jedes Mal, wenn Marlies anrief, wurde er blass. Jedes Mal, wenn er zu ihr fuhr, war er nervös und gereizt. Er konnte seiner Mutter nur immer wieder dasselbe sagen: Sie wollten sich selbständig machen, auf eigenen Füßen stehen lernen. Deshalb sei Marlies auch nicht allein, denn das Haus sei ganz in ihrer Nähe, und sie würden sich bestimmt oft sehen.

Es war ein hartes, zähes Ringen, dem sich Klaus dadurch entzog, dass er sich immer seltener im mütterlichen Haus sehen ließ. Es war eine unschöne Situation, aber Susanne bestärkte Klaus, so gut es nur ging. Irgendwann sah Marlies ein, dass sie ihren Sohn nicht halten konnte. Sie gab ihm zwar nicht ihren Segen und zeigte ihm deutlich, wie sehr sie sein Auszug verletzte, aber sie versuchte nicht mehr, ihn zu überreden.

Susannes Mitbewohnerinnen bedauerten ihren Auszug aus dem Wohnheim sehr. Susanne war stets der ruhende Pol in dem häufigen Chaos gewesen, hatte Streit geschlichtet und zerbrochene Freundschaften wieder gekittet. Ihr hatte sich jede und jeder bedenkenlos anvertrauen können, und sie hatte immer einen guten Rat parat. Mit ihrer hohen Sensibilität wusste sie genau, wie sie mit einer zarten Seele umgehen musste, um sie zur Vernunft zu bringen oder auch nur zu beruhigen.

Tina, die ebenfalls gerade beim Umzug war, versprach hoch und heilig, den Kontakt zu halten. Sie hatte als Model ihr erstes Geld verdient und konnte sich eine eigene Wohnung leisten. Außerdem hatte sie das Studium sausen lassen und musste daher ohnehin den Platz im Studentenheim frei machen. Sie war diejenige, die am meisten heulte. Das war verständlich, denn für sie hatte sich innerhalb kürzester Zeit ebenfalls sehr viel verändert. Und nur aus dem Koffer zu leben, war auch nicht gerade das reinste Vergnügen.

„Du weißt ja, wo ich bin", sagte Susanne.

„Ich werde dir oft schreiben oder dich wenigstens anrufen", versprach Tina laut schluchzend. „Und ich werde mich ganz bestimmt kein bisschen ändern oder verrückt werden unter all diesen Egomanen, du wirst schon sehen!"

„Bleib einfach, wie du bist, Tina, dann kann gar nichts schief gehen", sagte Susanne und zerquetschte das zierliche Mädchen beinahe in ihrer Umarmung.

Den Kontakt zu den Kommilitoninnen konnte sie ohne Schwierigkeiten aufrecht erhalten, denn sie traf sie häufig in der Uni oder in der Bibliothek. Tina rief anfangs noch jeden zweiten Tag an, doch dann zusehends seltener. Susanne war ihr deswegen nicht böse, denn als Model hatte sie natürlich sehr viel zu tun und selten Gelegenheit oder, wenn es dann einmal so weit war, kaum Lust, noch nach dem Telefonhörer zu greifen. Trotzdem kam immer mal ein Anruf oder eine Postkarte. Wenn Tina länger an einem Ort war, hinterließ sie Susanne stets ihre Adresse.

Und dann war auch Susanne sehr beschäftigt. Sie musste die Rolle einer Ehefrau erst einmal lernen, denn bisher hatte sie ja nur für sich selbst sorgen müssen. Es war eine aufregende, schöne neue Erfahrung. Sie lernte, für zwei einzukaufen, einen Essensplan aufzustellen, den Haushalt zu führen und das Haushaltsgeld zu verwalten. Ihr Studium vernachlässigte sie dabei keineswegs, obwohl sie manchmal etwas in Hektik geriet. Doch mit der Zeit spielte sich alles problemlos ein.

Langeweile gab es nie. Klaus kam unter der Woche selten früh nach Hause; entweder hatte er Seminar, oder er musste Überstunden leisten.

An den Wochenenden hatten sie auch nicht ausschließlich Zeit füreinander, denn Marlies Teubner lud oft ein oder wurde von Klaus eingeladen. An den Wochenenden kam häufig vieles zusammen. Susanne wollte gern mit Klaus zusammen einkaufen, etwas unternehmen oder auch mal einfach nur faulenzen. Doch das war nur selten möglich. Selbst wenn Susanne vorher ausdrücklich darum gebeten hatte, das nächste Wochenende ungestört mit ihm zu verbringen, fiel Marlies etwas Dringendes ein, das Klaus für sie erledigen musste.

Das sorgte manchmal für Spannungen zwischen den jungen Eheleuten, wobei Susanne sich ihren Kummer nur sehr selten anmerken ließ. Aus Liebe zu Klaus nahm sie es hin, dass sie ihn weiterhin mit seiner Mutter teilen musste. Ebenso nahm sie es hin, dass Marlies ständig etwas an ihr herum zu meckern hatte – über ihr Aussehen, über Klaus' Aussehen, die Einrichtung des Hauses und so weiter. Diese Bemerkungen fielen natürlich nur, wenn Klaus nicht in der Nähe war; wobei Susanne nicht sicher war, ob Marlies ihrem Sohn gegenüber nicht manchmal auch einige Bemerkungen fallen ließ. Sie merkte es oft daran, dass er irgendwie verändert von seinen Besuchen bei Marlies zurückkam. Diese Veränderung legte sich allerdings sehr schnell wieder, und deshalb vergaß Susanne sie auch bald.

Aber einige wenige Wochenenden gehörten trotzdem ihnen, und das nutzten sie aus. West-Berlin und sein Umland waren ein großes Gebiet, in dem man seine Freizeit mühelos gestalten konnte, ohne das Gefühl zu bekommen, etwas zu versäumen oder eingeschränkt zu sein. Kultur bot die Stadt reichlich; allerdings war das nicht unbedingt Klaus' Sache. Susanne zuliebe ließ er sich gelegentlich ins Theater oder durch Museen schleifen, aber er begeisterte sich mehr für Tennis oder Squash mit einem anschließenden ausgiebigen Plausch mit Kollegen der eigenen Bank oder Gleichgesinnten aus anderen Bereichen. Trotzdem hatten die beiden keine Probleme, ihre Interessen unter einen Hut zu bringen. Seine Sachen machte jeder allein, und für gemeinsame Unternehmungen blieb dennoch genug Zeit und Interesse.

Eines Abends empfing Susanne ihren Mann mit einem geheimnisvollen Lächeln. Sie hatte den Tisch besonders liebevoll gerichtet, Kerzen angezündet und ein ausgesuchtes Essen gekocht.

„Ist heute etwas Besonderes?", fragte Klaus fast erschrocken und überlegte fieberhaft, was er vergessen hatte. Natürlich hatten sie öfter ein romantisches Abendessen, aber meist nur am Wochenende, zur Anregung für anschließende ausgedehnte Liebesspiele.

Die ersten Monate ihrer jungen Ehe waren sehr harmonisch verlaufen. Sie waren nach wie vor sehr verliebt, lasen sich gegenseitig jeden Wunsch von den Augen ab und entdeckten sich ausgiebigst. Es gab keine großen Probleme, was den Haushalt betraf. Klaus war ein ordentlicher Mensch, obwohl er sein Leben lang von seiner Mutter vorne und hinten verwöhnt worden war. Manchmal war er Susanne fast ein wenig zu pedantisch, doch diese Regungen zeigte er zum Glück selten. Seiner Ansicht nach war das Haus Susannes Revier, in dem sie das Sagen hatte. Er hatte es sich angewöhnt, ohne zu murren am Samstag den Staubsauger in die Hand zu nehmen, nahm morgens den Müll mit hinaus und zog die Straßenschuhe aus, bevor er das Wohnzimmer betrat.

„Ja", antwortete Susanne, weiterhin geheimnisvoll lächelnd. „Aber keine Angst, es ist kein Geburtstag. Nichts, woran du hättest denken müssen."

„Gott sei Dank", entfuhr es Klaus erleichtert. „Das hätte ich mir nie verziehen!"

Susanne holte ihre zwei Sektgläser von der teureren Sorte für besondere Anlässe – und füllte sie mit Sprudel.

Klaus riss die Augen auf, als sie zu seinem Stuhl kam und ihm ein Glas reichte. „Das... äh... kapier ich nicht...", stotterte er. Susanne liebte sonst einen guten, trockenen Sekt, besonders zu festlichen Gelegenheiten.

„Komm, stoßen wir an", sagte sie munter. „Auf uns, Papa und Mama!"

Es gab einen leisen, zarten Klang, als die Gläser leicht aneinander gestoßen wurden. Aber zum Trinken kam Klaus nicht mehr. Ungeschickt stellte er das Glas ab und warf es dabei beinahe um. Er fing es jedoch noch rechtzeitig auf, so dass nur etwas Wasser herausschwappte.

„Was... was...", stammelte er verstört.

Susanne strahlte. Sie wurde vom Kerzenschein weich beleuchtet und sah wunderschön aus – und sehr glücklich. Auch sie stellte ihr Glas ab und nickte. „Ich war heute beim Arzt. In etwa sieben Monaten sind wir Eltern..."

Klaus brachte kein Wort hervor. Stumm zog er seine Frau auf seinen Schoss und umarmte sie fest, das Gesicht an ihrer Schulter verborgen.

„Das ist so wundervoll", flüsterte er schließlich in ihr Ohr. „Ich habe mir immer vorgestellt, wie es sein wird, ein Kind zu haben..."

„Dann freust du dich also?" Susanne konnte sich jetzt kaum mehr zurückhalten. Seitdem der Arzt ihr die erfreuliche Mitteilung gemacht hatte, war sie überglücklich und hatte sich lange überlegt, wie sie es Klaus sagen sollte – bis sie die Idee hatte, Wasser in Sektgläser zu füllen. Sie hatte es sich in den Kopf gesetzt, sich absolut cool zu geben.

„Natürlich freue ich mich... wie kannst du da fragen? Und überhaupt, was ist das für eine Art und Weise, mir das beizubringen?"

Jetzt platzte es endlich aus Susanne heraus. Sie lachte und weinte gleichzeitig und umarmte Klaus mit aller Kraft.

„Von nun an werden wir eine richtige Familie sein", dachte sie überschwänglich. „Nichts und niemand wird uns mehr auseinander bringen. Jetzt wird Klaus es sicher auch schaffen, sich von seiner Mutter zu lösen!"

Klaus schien beinahe dasselbe zu denken, denn er sagte: „Das ist die Krönung unserer Liebe. Wir werden eine eigene Familie haben, Susanne. Ich werde Vater sein und Verantwortung tragen... das wird wundervoll. Ich kann es kaum erwarten..."

„Einen Nachteil hat es natürlich: Von jetzt an wird es keinen Alkohol mehr in diesem Haus geben. Denn wenn ich nicht trinken darf, sehe ich es natürlich auch nicht ein, dir dabei zusehen zu müssen."

„Das ist überhaupt kein Nachteil, dann werde ich mich einfach schon im Büro sinnlos betrinken müssen."

Sie lachten. Beide tranken nur sehr selten und dann wenig, höchstens mal ein Glas Wein oder ein Bier. Klaus hatte erzählt, dass es im Verwaltungsgebäude der Bank sehr häufig Abteilungsfeiern gab, bei denen sich immer dieselben Kollegen regelmäßig betranken. Ein Grund fand sich natürlich immer, sei es ein Geburtstag, ein Jubiläum oder ein Einstand. Klaus fand es insofern erschütternd, als der Großteil dieser Kollegen und auch Kolleginnen im selben Alter oder nur wenig älter als er waren. Er konnte es nicht verstehen, wie man auf die Idee kommen konnte, die Probleme mit Alkohol lösen zu wollen.

„Das ist... so ein glücklicher Moment, Susanne. Nur an unserem Hochzeitstag bin ich so glücklich gewesen." Klaus griff gerührt nach seinem Glas und hob es feierlich. „Ich trinke auf dich, auf unser Kind, auf die Vollendung unseres Glücks." Er leerte das Glas in einem Zug. „Aber es geht dir doch gut?", fragte er dann ein wenig ängstlich.

Susanne befreite sich aus seiner Umarmung und holte zwei Vorspeisenteller mit selbst gemachten italienischen Antipasti aus der Küche. „Ich bin kerngesund", verkündete sie heiter. „Wenn sich nicht regelmäßig mein Frühstück morgens wieder verabschieden würde, hätte ich es gar nicht gemerkt."

„Dir ist morgens übel?"

„Du bekommst es gar nicht mit, weil du dann schon aus dem Haus bist. So, jetzt reden wir aber von etwas

anderem, ich habe nämlich einen Bärenhunger." Susanne
war schon bei der Zubereitung das Wasser im Mund
zusammen gelaufen, und sie hatte sich mit aller Gewalt
am Riemen reißen müssen, um sich nicht mit lauter
Naschen und Probieren den Appetit zu verderben.

„Wann werden wir es meiner Mutter sagen?", fragte
Klaus, als sie bei der Hauptspeise – Piccata Milanese –
angelangt waren.

„Am Wochenende, wenn wir sie besuchen. Ich hoffe,
dass du bis dahin deinen Mund halten kannst!", warnte
Susanne.

„Versprochen", beteuerte Klaus.

„Und sonst darfst du es auch noch niemandem sagen."

„Aber warum denn nicht?"

„Weil... weil... ich halte es einfach für besser, erst etwas
zu sagen, wenn man einen Bauch sieht..."

„Bist du ein bisschen abergläubisch?"

Susanne grinste verschmitzt. „Kann sein. Es ist alles noch
so frisch. Wenn ich mich daran gewöhnt habe, darfst du
es der ganzen Welt erzählen. Ich werde es auch erst in den
nächsten Tagen meinen Eltern sagen. Iss fertig, Klaus, es
gibt noch Nachtisch!"

„Was? Ich bin schon so voll!", entfuhr es Klaus fast
erschrocken. Aber neugierig war er doch: „Was gibt's
denn?"

„Tiramisu natürlich!"

7

Marlies zeigte sich nicht entsetzt über die frohe Neuigkeit, aber sie reagierte auch nicht unbedingt überschwänglich. Sie hatte wohl weiterhin die Hoffnung gehegt, dass
Klaus rechtzeitig vor Ablauf der zwei Jahre einer „Kurz-
ehe" feststellte, wie sehr er sich geirrt hatte, um sich im
Schnellverfahren scheiden lassen zu können.

Nun zerplatzte diese leise Hoffnung. Das junge Paar
hatte seine Liebe mit dem künftigen Nachwuchs besie-
gelt.

„Das ist ja sehr erfreulich", stellte Marlies sachlich fest,
ohne die Lippen auch nur zu dem Hauch eines Lächelns
zu verziehen. Susanne machte das nichts aus, sie war viel
zu glücklich. Und Marlies' Einstellung würde sich schon
ändern, wenn sie den rosigen kleinen Wonneproppen erst
einmal im Arm hielt und er sie zahnlos und mit gerümpf-
tem Näschen angrinste. Bei den meisten Frauen löste das
Mutterinstinkte aus, und Marlies war schließlich selbst
Mutter, wenn auch eine Mutter, die ihren Sohn fast zu
Tode liebte.

„Dann solltest du dich vielleicht doch sofort darauf
konzentrieren, in die Hauptstelle versetzt zu werden", sagte
Marlies Teubner zu ihrem Sohn.

„Wie? Was? Wie... sofort?", fragte Susanne verdutzt.

Offensichtlich sprachen Mutter und Sohn auch weiterhin über Dinge, an denen sie keinen Anteil hatte.

„Ich hab's dir noch nicht gesagt, weil es nicht spruchreif war und ich dich überraschen wollte", erklärte Klaus nach einem bösen Blick zu seiner Mutter.

„Aber du hast doch gerade erst als Berater angefangen!", rief Susanne verwundert.

Klaus hatte die Seminare mit gutem Erfolg abgeschlossen und sich sofort um die Position als Berater beworben. Es war ihm gelungen, den Platz einer Kollegin, die in Mutterschutz gegangen war, zu ergattern.

„Ja, aber die Kollegin wird ja irgendwann wieder kommen, und was mache ich dann?", gab Klaus zurück. „In einer Bank muss man sich, solange man jung ist, ziemlich schnell um einen guten Posten kümmern. Die Konkurrenz ist groß, und wenn es ein beliebter Platz ist, sitzen die Leute meistens sehr lange darauf – und dann ist man als Nachfolger schon zu alt."

„Das leuchtet mir schon ein", meinte Susanne zögernd, „aber du brauchst doch jetzt wegen des Kindes nicht..."

„Das denke ich aber schon, Susanne", unterbrach Marlies. „Wenn Klaus den Sprung in die Hauptstelle erst einmal geschafft hat, kann er viel schneller voran kommen. Und es ist doch sehr wichtig, dass für dich und das Kind gut gesorgt ist."

Susanne runzelte die Stirn. „Marlies, da hast du, glaube ich, etwas falsch verstanden – oder ich habe etwas nicht mitbekommen. Selbstverständlich studiere ich zu Ende!"

Klaus sah sie verwundert an. „Ja... aber... du bist doch schwanger..."

Susanne lachte auf. „Aber Klaus, ich bin doch nicht krank! Ich bin kerngesund, ich werde lediglich in den nächsten Monaten die Ausmaße einer Walze annehmen, das ist alles!"

„Nun, so einfach geht das nicht", mischte sich Marlies wieder ein. „Selbstverständlich muss sich eine Schwangere schonen, schon allein, um das Kind nicht zu gefährden."

„Das ist klar", entgegnete Susanne. „Schließlich habe ich ja nicht vor, in Zukunft Extremsport zu betreiben. Das habe ich ohnehin noch nie gemacht. Außerdem werde ich noch mehr auf meine Ernährung achten und mich so viel wie möglich ausruhen. Aber darauf hat das Studium keinen Einfluss! Deine Kollegin ist doch auch mit einem dicken Bauch in die Arbeit gegangen, also was soll's? Ich werde nicht so dumm sein und jetzt alles hinwerfen! Dann hätte ich die ganze Zeit über umsonst studiert. Das wäre mir wirklich zu schade!"

„Ja, wirst du denn noch genug Zeit haben dafür?", fragte Klaus vorsichtig. „Immerhin bist du schon mit unserem Haus und dem ganzen Drumherum beschäftigt. Ich möchte schließlich nicht, dass dir das alles zu viel wird."

„Mach dir da nur keine Sorgen. Wenn das Kind da ist, finde ich schon eine Lösung", behauptete Susanne. „Und bis dahin trage ich es ja noch mit mir herum, da gibt es keine zusätzliche Arbeit."

Marlies Teubner machte eine kritische Miene. „Ich weiß, dass wir darüber schon einmal gesprochen haben, Susanne. Ich hatte allerdings gehofft, dass du deine Ansichten ändern würdest."

Susanne wollte gerade lächelnd zu einer Erwiderung ansetzen, als sie plötzlich ganz grün im Gesicht wurde. „Entschuldigt mich, bitte", stieß sie gequetscht hervor und rannte blitzschnell aus dem Wohnzimmer Richtung Gästetoilette.

Klaus sah ihr verträumt lächelnd hinterher. In den letzten Tagen hatte er schon zwei- oder dreimal diese schlagartige Übelkeit mitbekommen, kannte sie daher und regte sich nicht mehr darüber auf. Susanne kam regelmäßig nach ein paar Minuten munter und fröhlich wieder und aß weiter.

„Ich finde, Susanne sollte sich wirklich allmählich auf ihre Rolle besinnen", sagte Marlies Teubner zu ihrem Sohn.

„Aber Mutter, wir leben nicht mehr im Mittelalter", verteidigte Klaus seine Frau. „Wenn sie gern unterrichten möchte, ist das vollkommen in Ordnung. Sie wird schon auf sich aufpassen."

„Ich bin noch nicht so alt, dass ich aus dem Mittelalter stammen könnte", erwiderte Marlies pikiert. „Aber es gibt nun einmal Unterschiede zwischen den Geschlechtern. Jeder hat seine Rolle zu spielen, das ist nun einmal in einer Gesellschaft so. Immerhin soll Susanne in ihre Rolle als Repräsentantin hineinwachsen, wenn sie dich einmal zu wichtigen Empfängen oder Einladungen begleitet. Ich finde, sie steht dir nicht genug zur Seite und unterstützt dich zu wenig."

93

„Sie unterstützt mich in allem, Mutter", protestierte Klaus. „Sie hat sich sogar die Mühe gemacht, mit mir den Seminarstoff durchzugehen und mich abzufragen! Nur deshalb habe ich so gut abgeschnitten!"

Marlies kniff die schmalen Lippen zusammen. „Du hast zugenommen", wechselte sie dann das Thema.

Klaus streichelte seinen Bauch, der eine ganz kleine Wölbung aufwies. „Ja, Susanne kocht einfach zu gut", strahlte er.

„Wohl eher zu fett", korrigierte Marlies. „Bei mir hast du in all den Jahren niemals Anzeichen von Fettleibigkeit gezeigt, und ich habe auch nicht gerade schlecht gekocht."

„Du bist eine großartige Köchin, und Susanne hat viel von dir gelernt, das hat sie mir selbst gesagt! Übrigens sind es nur zwei Kilo, und Susanne gefallen sie."

„Vielleicht treibst du auch zu wenig Sport."

„Na ja, am Wochenende jogge ich nicht mehr so viel, weil wir bei schönem Wetter oft früh aufbrechen und etwas unternehmen..."

„Dann ist das wahrscheinlich der Grund. Du solltest unbedingt wieder mit dem Laufen anfangen, wenn du schon ungesund isst. Denk an deinen Vater..."

Marlies unterbrach sich, als Susanne zurück kam. Sie wirkte noch ein wenig blass, war aber guter Laune. „Schade um das schöne Essen", meinte sie heiter. „Bitte seid mir nicht böse, wenn ich jetzt noch einmal zugreife."

„Aber bitte", sagte Marlies mit geheuchelter Liebenswürdigkeit. „Greif nur ruhig zu. Das sind nämlich alles frische, gesunde Gerichte, wie sie bei mir immer und ausschließlich auf den Tisch kommen. Nicht dieses fette Pommes-und-Hamburger-Zeug, was ihr jungen Leute ständig verzehrt. Es ist genau das Richtige, wenn eine Frau Verantwortung trägt..." Sie machte eine bedeutungsvolle Geste.

Auf dem Heimweg sagte Susanne zu ihrem Mann: „Ich war wirklich sehr überrascht von Marlies zu erfahren, mit welchen Plänen du dich trägst. Warum hast du nicht mit mir darüber gesprochen?"

„Ich wollte dich damit überraschen, wenn alles unter Dach und Fach ist."

„Aber ich bin deine Frau. Ich sollte es vor deiner Mutter erfahren, denkst du nicht? Wir wollten doch alles teilen..."

„Ja. Tut mir Leid. Mutter hat nur zufällig davon erfahren, du weißt doch, dass sie jemanden in der Bank kennt."

Susanne runzelte die Stirn. „Klaus", sagte sie ernst, „hat sie etwa irgendetwas damit zu tun? Ich meine, hat sie da etwas für dich angeleiert?"

„Wie kommst du darauf?" Seine Stimme klang verwundert. Das besagte aber nichts. Vielleicht war er nur über ihren Scharfsinn erstaunt.

„Sag mal, findest du nicht, dass das alles ein wenig zu schnell geht?"

„Ich weiß nicht, was du meinst."

„Du schuftest dich halb zu Tode... geh's doch etwas langsamer an. Wir sind so jung, wir haben so viel Zeit."

95

„Wenn man es zu was bringen will…"

„Klaus, darum geht es mir ja. Ist das wirklich dein freier Wille? Ist es dein Wunsch, in kurzer Zeit eine möglichst steile Karriere zu machen?"

Klaus lachte humorlos. „Wessen Wille sollte es denn sonst sein, Susanne?"

„Der Wille deiner Mutter."

„Du weißt ja nicht, was du da redest."

„Ich meine nur, dass du es nicht wegen mir tun musst. Mir ist das nicht so wichtig, verstehst du das nicht? Für mich ist es die Hauptsache, dass wir zusammen sind. Dass wir uns lieben. Dass wir unserem Kind ein anständiges Zuhause, Liebe und eine gute Erziehung geben können."

Klaus zog die Augenbrauen zusammen. Verkniffen schaute er nach vorne auf den Verkehr, die Finger um das Lenkrad verkrampft. „Ich will es so", stieß er schließlich hervor.

„Deshalb frage ich dich ja", sagte Susanne geduldig. „Ich möchte nicht, dass du dich unter Druck gesetzt fühlst."

„Ich wollte es schon immer und halte es nicht für negativ, wenn man Beziehungen ausnutzt. Deswegen leiste ich noch immer genug selbst", murmelte Klaus.

„Das habe ich nie behauptet", verwahrte sich Susanne.

„Ja, du nicht…" Seine Stimme war auf ein leises Flüstern herabgesunken, und sie verstand ihn kaum noch. Seine Miene war düster.

„Ohne Beziehungen kommt man sowieso nirgends weiter", sagte sie, um ihn wieder aufzumuntern. „Das ist schon im alten Rom so gewesen, weißt du?" Sie lachte leise.

Sein Gesicht blieb verschlossen. „Das ist eben auch so eine Sache."

Sie war mit den Gedanken schon ganz woanders gewesen, für sie war das Thema beendet. „Was für eine Sache?", fragte sie verdutzt.

„Dein Wissen... deine Bildung", antwortete Klaus. „Ich kann da nicht mithalten. Da muss ich mich eben auf einem anderen Gebiet beweisen."

Susanne war so verblüfft, dass sie für einen Moment nicht wusste, wie sie reagieren sollte. „Aber Schatz", sagte sie dann halb lachend, „denkst du wirklich so über mich? Mir brauchst du überhaupt nichts zu beweisen! Ich weiß, wer du bist und was du kannst! Und wenn ich manchmal übertrieben geistreich daher rede, unterbrich mich doch einfach! Das wäre ja noch schöner, wenn ich zu Hause auch schulmeistern würde... vor allem, wenn ich noch nicht mal eine fertige Lehrerin mit Diplom bin!"

Sie streichelte liebevoll seinen Arm. „Hey, komm! Wir haben doch die ganze Zeit so gute Laune gehabt! Hab ich was falsch gemacht?"

Klaus schüttelte langsam den Kopf. Allmählich löste sich seine verbissene Miene. Er sah zu Susanne und lächelte, bevor er sich wieder auf den Verkehr konzentrierte. „Du kannst gar nichts falsch machen, Mäuschen. Ich hab irgendwie irgendwas Falsches in den Hals gekriegt, das ist alles. Wahrscheinlich habe ich mich gestern über einen

Kunden geärgert, und das musste jetzt raus!" Plötzlich lenkte er den Wagen an den Fahrbahnrand und hielt an.

„Was machst du?", kicherte Susanne. „Du kannst hier doch nicht einfach stehen bleiben!"

„Ich muss es sogar, ich habe nämlich etwas sehr Wichtiges zu erledigen." Klaus stellte den Motor ab und nahm seine überraschte Frau in die Arme, um sie innig zu küssen.

„So", sagte er danach zufrieden. „Jetzt können wir weiter."

Susanne prustete vor Lachen. Verliebt sah sie ihren Mann an, fuhr mit den Fingern durch seine kurzen Haare. „Es ist noch früh", meinte sie. „Wollen wir nicht noch irgendetwas unternehmen?"

„Wir könnten in den Zoo gehen und uns von den Affen mit Erdnüssen bewerfen lassen", schlug Klaus vor.

„Nichts wie hin!", zeigte sich Susanne begeistert. Die düsteren Wolken, die kurzzeitig über den Ehehimmel gezogen waren, hatten sich wieder vollständig aufgelöst, und die Sonne schien warm und angenehm.

Bald sind wir zu dritt, dachte die junge Frau glücklich.

„Was wünschst du dir?", fragte sie unvermittelt.

Klaus wusste sofort, was sie meinte. „Ein Mädchen", antwortete er spontan. „Jungs machen doch nur immer Ärger."

Es wurde tatsächlich ein Mädchen. Die kleine Nina kam ziemlich pünktlich auf die Welt – genau zwei Tage vor dem errechneten Termin. Es gab keinerlei Komplikationen, und Susanne konnte es gar nicht erwarten, wieder nach Hause zu kommen.

Zufälligerweise war Tina zu diesem Zeitpunkt in Berlin und kam natürlich sofort vorbei, um den Familienzuwachs zu bestaunen.

„Oje", entfuhr es ihr, und dann bekam sie einen halben Lachkrampf. „Sehen die etwa alle so aus?"

Susanne musste gleichfalls lachen. „So frisch, erst ein paar Tage alt, sind sie noch ziemlich verknittert. Aber warte erst noch mal zwei, drei Wochen ab. Dann wird sie ein richtig süßes kleines Baby sein!"

„Och, ich finde sie jetzt schon zum Knuddeln!" Tina nahm den Winzling vorsichtig auf die Arme. „Einfach süüüß! So herrlich hässlich!" Sie tupfte vorsichtig mit der Fingerkuppe auf die kleine Nase. Nina verzog das Gesichtchen und sah jetzt aus wie ein Äffchen, mit ihren vielen Runzeln und Falten. Immerhin öffnete sie die Augen zu schmalen Schlitzen und glotzte angestrengt. „Blaue Augen", stellte Tina fest.

„Haben sie am Anfang doch alle", meinte Susanne stolz.

„Hallo, Nina", wisperte Tina und kitzelte das Baby sanft am Bauch. „Ich bin Tante Tina! Sag mal: Tante Tina."

Beide lachten, als die Kleine das Gesicht verzog und ein unwilliges Gurgeln von sich gab.

„Das war aber nicht sehr deutlich!", beschwerte sich Tina kichernd. „An ihrer Aussprache musst du noch etwas arbeiten, Frau Lehrerin!"

Susanne lächelte. „Ich sehe schon, du hast dich überhaupt nicht verändert!", stellte sie erleichtert fest. Allerdings hatte Tina sich äußerlich sehr wohl verändert. Es war deutlich zu sehen, dass sie sehr viel Zeit für ihr Aussehen aufwendete. Obwohl sie stets sehr schlank gewesen war, war ihre Figur jetzt irgendwie straffer und wirkte drahtiger. Ihre Gesichtshaut war glatt und samtig wie ein Pfirsich, und erstaunlicherweise trug sie nur ein ganz dezentes Augen-Make-up. Allerdings bevorzugte sie immer noch schrille Klamotten, jede Menge Modeschmuck und kaute fast ununterbrochen Kaugummi.

„Susanne, die Mutterschaft bekommt dir hervorragend", stellte Tina jetzt fest. „Du siehst so blendend aus, dass ich dich auf gar keinen Fall einem meiner Fotografen vorstellen werde. Du würdest mich schlagartig arbeitslos machen."

„Red keinen Quatsch", wehrte Susanne ab, aber geschmeichelt war sie doch.

„Ich meine es ernst!", beteuerte Tina. „Nun erzähl mir mal was von dir und Klaus. Sag, studierst du eigentlich noch?"

„Nun – ich bin fast fertig! Ich habe die zweite Staatsprüfung hinter mir, und wenn alles gut gegangen ist, darf ich in drei Monaten endlich mit dem Unterricht anfangen!"

„Glaubst du denn, dass du eine Stelle kriegen wirst?"

„Ja, sogar hier in unserer Gegend. Ich habe wirklich Glück gehabt – und sie werden es nicht bereuen, denn ich weiß, dass ich gut bin. Ich habe dort bereits als Referendarin gearbeitet. Ich freue mich schon sehr darauf!"

Tina deutete auf das Baby, das inzwischen in Susannes Händen gelandet war und zufrieden schlief. „Und was ist mit ihr?"

„Marlies wird sich die paar Stunden während des Unterrichts um sie kümmern. Mir bleibt zwischendurch noch genug Zeit für sie. Außerhalb der Stunden darf ich sie jederzeit mit in die Schule nehmen, haben sie mir zugesichert."

„Toll! Und du meinst, deine Schwiegermutter wird ihren Job gut machen?"

„Mit Sicherheit, liebe Tina. Du hättest sie mal erleben sollen. Ich habe es mir so sehr gewünscht, und es ist wirklich eingetreten: Als sie Nina das erste Mal im Arm hielt, hat sie wirklich aus Rührung geweint. Sie freut sich schon sehr darauf, Nina betreuen zu dürfen."

„Na, dann wird ja hoffentlich auch euer Verhältnis besser", meinte Tina.

„Wie meinst du das?", fragte Susanne verdutzt.

„Na, das sah doch ein Blinder mit Krückstock, dass Klaus ein Muttersöhnchen ist und seine Mutter wiederum herrschsüchtig und selbstgerecht..."

„Tina, woher willst du das wissen?"

„Wir kennen uns lange genug, und ich habe seinerzeit genügend mitbekommen."

Susanne machte ein verlegenes Gesicht. Dann sprudelte es nur so aus ihr heraus. Tina hörte ihr ruhig zu und gab einige Kommentare ab, bis Susanne anfing, alles zu relativieren.

„Das verstehe ich jetzt nicht", sagte Tina prompt. „Du hast Probleme, das hast du gerade eben zugegeben – und nun tust du ohne Übergang auf einmal so, als wäre das alles doch nichts?"

Susanne wand sich. „In Wirklichkeit ist es nicht so schlimm. Ich habe mich halt geärgert und den Ärger runtergeschluckt, statt ihn rauszulassen. Wenn man dann darüber spricht, übertreibt man eben ein bisschen, du kennst das doch."

„Hm... nein." Tina hob ihre Brauen.

„Es ist trotzdem so", ereiferte sich Susanne. „Und ich fühle mich jetzt wirklich besser. Weißt du, Marlies ist auch nur ein Mensch, und ich darf nicht ungerecht sein, nur weil sie schwierig ist. Ich bin es auch. Aber ich bin jünger, ich kann mich eher anpassen. Und jetzt hat sich wirklich alles geändert, seit Nina da ist. Da will ich nicht in alten Geschichten herumkramen."

Tina machte nach wie vor ein skeptisches Gesicht, gab aber nach. Immerhin sah Susanne wirklich blendend und überhaupt nicht unglücklich aus. „Und Klaus?"

„Jeder in der Bank hat sich das Video vom Krankenhaus anschauen müssen. Er ist so glücklich, Tina! Er hat gerade wieder einen Karrieresprung gemacht und ist jetzt Berater für einen bestimmten Geschäftskundenbereich in der Hauptstelle geworden. Er schiebt die Millionen nur

102

so in der Gegend herum. Er ist manchmal ein bisschen gestresst, aber trotzdem nimmt er sich viel Zeit für uns."

„Schrecklich, wie wunderbar das alles klingt. Du musst ja grauenhaft glücklich sein."

Susanne nickte und sah verträumt auf ihr Kind herab. „Das bin ich auch, Tina. Sehr sogar. Manchmal bekomme ich fast Angst und denke mir, so viel Glück auf einmal kann es doch gar nicht geben, nicht für mich. Doch es ist wirklich alles perfekt. Klaus ist die große Liebe meines Lebens, so wie ich für ihn. Und Nina ist die Krönung des Ganzen. Ich bin so glücklich, dass ich dich nicht einmal beneide."

Zweiter Teil

8

Die kleine Nina entwickelte sich zu einem richtigen Engelchen. Sie war ein zufriedenes und ausgeglichenes Kind, das jede Nahrung problemlos vertrug und selbst im Krankheitsfall trieb sie ihre Eltern nicht durch ständiges Schreien in den Wahnsinn.

Susanne brauchte sich keine Gedanken darüber zu machen, wie es sein würde, das Kind ihrer Schwiegermutter anzuvertrauen. Nina war ein absoluter Goldschatz und würde der Oma keine Probleme bereiten. Der wiederum tat es sicherlich gut, von so viel Leben umgeben zu sein und gefordert zu werden. Susanne vertraute Marlies und war sicher, dass sie für Nina das Richtige tun würde, denn sie liebte ihre Enkelin.

Ende August begann für Susanne die Schule. Bereits zwei Wochen vorher konnte sie vor Aufregung und Nervosität schon nicht mehr schlafen. Wie würde es wohl werden? Mit was für Kindern würde sie es zu tun bekommen? War sie überhaupt ausreichend vorbereitet?

Vor Ninas Geburt hatte Susanne bereits ein paar Probestunden gegeben. Aber das war natürlich nur ein Testlauf gewesen, den die Schüler sehr lustig gefunden hatten. Die Prüfer, die im Hintergrund saßen, waren zufrieden und hatten ihr die Zusage für die „halbe" Stelle erteilt.

Natürlich würde sie nicht sofort eine ganze Klasse allein übernehmen. Ein Jahr lang würde sie sich die erste Klasse mit der Lehrerin teilen, die bald in Rente gehen wollte. Deren Stelle sollte sie dann erhalten. Am Anfang war es ihre Aufgabe, mit den Kindern zu singen und zu basteln. Das war ein guter Einstieg und gab ihr die Möglichkeit, ihre pädagogischen Fähigkeiten unter Beweis zu stellen.

Susanne hatte eine wunderschöne Stimme, und sie war sich sicher, die Kleinen für die Musik begeistern zu können. Für die Bastelstunde hatte sie bereits so viele Ideen, dass sie vermutlich für das ganze Schuljahr reichen würden. Durch diesen reduzierten Stundenplan blieb ihr sehr viel Zeit für Nina übrig; vor allem, da die Schule ganz in der Nähe lag und zu Fuß in knapp 20 Minuten zu erreichen war. Susanne hatte mit Marlies abgesprochen, dass Nina abwechselnd zur Oma gebracht wurde, oder die Oma zu ihnen nach Hermsdorf kam.

„Susanne, so aufgeregt kannst du unmöglich vor eine Klasse treten!", ermahnte Klaus sie zwei Tage vor dem Stichtag. „Die Kinder brauchen eine feste, sichere Hand!"

„Ach, die hat Frau Steiner, da brauche ich mir keine Sorgen zu machen. Es ist eben eine Premiere, und ich habe ganz einfach Lampenfieber!"

„Es ist nur gut, dass du sehr schnell feststellen wirst, ob du das wirklich durchziehen kannst."

Susanne hielt inne. Sie hatte gerade ihre Unterlagen geordnet und abgeheftet. „Klaus, warum sagst du das immer? Ist es dir denn nicht recht, dass ich Lehrerin werde? Aber das hast du doch von Anfang an gewusst!"

„Ich möchte nur nicht, dass dir alles zu viel wird und es dann auf Kosten unseres Kindes geht", verteidigte sich Klaus. „Du weißt, dass ich viel arbeiten muss, und meine Mutter soll schließlich keine Ersatzmutter werden."

Susanne seufzte. Diese Diskussion hatten sie schon so oft geführt. Klaus war hin- und hergerissen. Einerseits war er stolz auf sie, andererseits hätte er sie lieber als Heimchen am Herd gesehen. Doch da musste er durch. Sie hatte nie einen Hehl aus ihren Zukunftsvorstellungen gemacht, und sie wusste genau, dass sie es auf Dauer nicht verkraften würde, Klaus zuliebe alles aufzugeben. Sie sah außerdem keinen Grund dazu: Sie verstanden sich gut, ihre Ehe funktionierte bestens, und die Zeit, die sie von Nina getrennt sein würde, war wirklich nicht zu lang.

„Hör mal, für Nina ist es gar nicht schlecht, wenn sie in einem Familienverband aufwächst, statt nur auf mich fixiert zu sein", versuchte sie es mit dem stärksten Argument. „Es ist ja nicht so, dass ich Tag und Nacht weg bin. Es sind schließlich immer nur ein paar Stunden. Das alles haben wir doch schon zigmal durchgesprochen! Ich verstehe dich wirklich nicht, Klaus. Warum sagst du mir nicht, was dich wirklich beschäftigt?"

„Fang jetzt nicht wieder mit deiner psychologischen Tour an", schnappte er ärgerlich. „Wenn ich eine Therapie brauche, werde ich mir einen kompetenten Fachmann suchen.

Ich habe lediglich meine berechtigten Bedenken geäußert, und das werde ich ja wohl noch tun dürfen."

Susanne seufzte. „So habe ich es doch gar nicht gemeint. Hat sich Marlies etwa bei dir beklagt?"

„Dass sie es nicht gutheißt, weißt du selbst. Doch ich kann alleine denken. Ich bin erwachsen."

„Ach, Klaus, jetzt verdirb mir doch nicht die ganze Vorfreude", schmollte Susanne. „Manchmal denke ich, dass du ganz einfach überfordert bist, weil du so unausgeglichen wirkst."

Klaus breitete die Arme aus. „Ich habe nun einmal viel zu tun, um weiter zu kommen. Solche Geschäfte verlangen den ganzen Einsatz."

Susanne lächelte. „Und den gibst du, sonst wärest du nicht inzwischen in die Direktorenetage aufgestiegen. Deine Kunden scheinen sehr zufrieden mit dir zu sein. Macht dich das denn nicht glücklich?"

Das bekam Klaus auch schon wieder in die verkehrte Kehle. „Warum fragst du das immer? Natürlich bin ich glücklich! Abgesehen davon halte ich es nach wie vor für meine Pflicht. Du bereitest mir und dem Kind ein schönes Heim, und ich habe im Gegenzug dafür zu sorgen, dass es euch an nichts mangelt."

„Meine Güte, Klaus, lass doch diese Phrasen! Wir sind fühlende, individuelle Wesen, keine Roboter! Wir tun das, was wir für das Beste halten, und zwar gemeinsam! Ich kann das Wort ‚Pflicht' nicht mehr hören!"

„Und das sagst gerade du als Lehrerin!"

Susanne schüttelte den Kopf. „Komm, wir wollen doch nicht wegen so was streiten", sagte sie versöhnlich. „Es ist wirklich dumm! Ich komme mir schon fast wie Marlies vor, weil ich dauernd an dir herum erziehe. Sag mal, fährst du mich übermorgen in die Schule?"

Klaus schien zu überlegen. „Tut mir Leid, ich habe gleich am Morgen einen wichtigen Termin."

„Oh." Susanne machte ein enttäuschtes Gesicht. Klaus war inzwischen in einer Position, in der er durchaus einmal zwischendurch familiären Verpflichtungen nachkommen konnte. Aber vielleicht hatte er es auch nur vergessen. Oder der Termin war wirklich sehr wichtig. „Na ja, da kann man nichts machen. Beklage dich dann aber nicht darüber, dass ich dich sofort überfalle, wenn du nach Hause kommst, und dir alles haarklein erzähle."

Er lächelte. „Einverstanden."

Marlies Teubner traf zwei Tage später pünktlich gegen halb acht Uhr morgens ein.

„Ein wenig zu aufgedonnert für meinen Geschmack", kritisierte sie sofort das Äußere ihrer Schwiegertochter. „Bist du nervös?"

Das war eine Untertreibung. Susanne flatterte nur noch. „Es geht schon", sagte sie tapfer. „Ich zeige dir, wo du Ninas Fläschchen findest..."

„Mach dich mal lieber auf den Weg", unterbrach Marlies. „Ich finde mich hier schon zurecht. Schließlich bin ich nicht das erste Mal hier. Schläft Nina noch?"

„Ja, aber sie wird bald aufwachen. Sie ist gestern erst sehr spät zur Ruhe gekommen. Wahrscheinlich habe ich sie mit meiner Nervosität angesteckt. – Aber keine Angst", fügte sie schnell hinzu, „nach dem Aufwachen ist sie ein absolutes Goldkind!"

Da Marlies abwartend in der Diele stehen blieb, hatte Susanne keine andere Wahl, als ihre Sachen zu nehmen und zu gehen.

Frau Steiner erwartete sie bereits. Es gab nicht mehr viel zu besprechen, da sie sich vorher schon ein paar Mal getroffen hatten. Doch nun wurde es Ernst. Susannes berufliche Zukunft stand auf dem Spiel. Die Erfüllung ihres Traumes, den sie seit ihrer Kindheit hegte.

Die Eltern der Abc-Schützen und die Kinder selbst waren nicht minder aufgeregt. Der einzige ruhende Pol war die erfahrene Lehrerin, die ihren Beruf schon seit Jahrzehnten ausübte. Die kleinen Schüler durften sich ihre Sitzplätze aussuchen, während die Eltern im Hintergrund stehen bleiben mussten. Frau Steiner begrüßte alle, stellte sich und Susanne vor und erklärte, dass Susanne künftig für das Singen und Basteln zuständig sein würde.

Susanne hörte sehr wohl das leise Gemurmel einiger Eltern, die die Vierziger schon überschritten hatten: „Was, die? Die sieht doch selbst noch wie eine Schülerin aus... Was für junge Dinger die jetzt schon ranlassen... Na ja, das muss man erst mal abwarten..." und Ähnliches.

Aber davon wollte sie sich jetzt nicht aus der Bahn bringen lassen. Sie hatte ihr Studium ganz normal absolviert,

112

und es war nicht ihre Schuld, dass es nicht länger als sechs Semester dauerte. Damit hatte sie wenigstens den Vorteil, sich ihrer Jugend wegen sehr gut auf die Kleinen einstellen zu können. Vorurteile gab es immer. Sie musste da nur an zu Hause denken...

Schließlich mussten die Eltern das Klassenzimmer verlassen, und der Unterricht begann.

Am ersten Tag wurde noch nicht viel getan, und die Zeit verging wie im Flug. Nach zweieinhalb Stunden waren die kleinen Erstklässler wieder entlassen, und Susanne konnte nach Hause zu Nina.

„Nun?", fragte Marlies. „Wie war es?"

„Grandios!", antwortete Susanne. „Die Kinder sind alle sehr lieb und aufmerksam..."

„Nina war auch sehr lieb", unterbrach Marlies. „Sie war wirklich geduldig, denn ich musste ziemlich herumsuchen, bis ich alle Sachen gefunden hatte. Übermäßig ordentlich ist es bei dir ja nicht, aber das macht nichts. Ich bin es von dir ja nicht anders gewohnt. Letztendlich habe ich dann doch alles gefunden. Heutzutage muss man ja... wie heißt es so schön... flexibel sein. Du hast wirklich Glück mit dem Kind. Sonst wäre es sicher nicht möglich, alles so zu machen, wie du es dir vorstellst."

„Nun... ich finde immer alles auf Anhieb", bemerkte Susanne etwas ernüchtert.

„Natürlich, Liebes. Es ist ja dein Heim." Marlies lächelte scheinbar liebenswürdig, aber ihre Augen blieben kalt. „Trotzdem... du bist zwar noch jung, aber allmählich müsstest du es lernen. Sollte es nötig sein, helfe ich dir eben beim Putzen, du bist heute bereits etwas im Rückstand. Dabei hast du noch nicht einmal richtig mit der Arbeit angefangen – und hast dich schon übernommen. Bei all deinem Ehrgeiz solltest du dich lieber nicht ständig selbst überschätzen und bedenken, was du anderen mit deinem Versagen zumutest. Klaus hat wirklich genug um die Ohren, er kann nicht auch noch den ganzen Haushalt machen. Außerdem ist er so ein Chaos nicht gewohnt. Übrigens, in weiser Voraussicht habe ich mir ein kleines Mittagessen mitgebracht, denn das schaffst du bestimmt erst recht nicht – und ich glaube nach wie vor nicht, dass ich mich an deine Küche gewöhnen möchte. Nina schläft, es steht dir also nichts im Wege, deinen häuslichen Pflichten endlich einmal in angemessener Weise nachzukommen. Ich muss nun leider aufbrechen, denn zu Hause wartet eine Menge Arbeit auf mich."

Während dieses Wortschwalls hatte Marlies ihre Handtasche geholt, die leichte Jacke übergezogen und war zur Haustür gegangen. Susanne hatte keinerlei Chance gehabt, auch nur einen einzigen Ton von sich zu geben.

„Bis morgen dann, ich werde zur selben Zeit hier sein. Wir machen das am besten so, bis sich alles eingependelt hat. Und sieh zu, dass du bis dahin Ordnung schaffst."

Damit war sie draußen.

Susanne starrte eine ganze Zeit aufgewühlt auf die geschlossene Tür. Dann hörte sie Ninas Stimme und lief die Treppe hoch in den ersten Stock.

Die Kleine fuchtelte mit ihren winzigen Patschehänd-chen in der Luft herum, heftig atmend und gackernd. Sie hatte offenbar etwas ganz Wichtiges zu erzählen. Susanne nahm sie behutsam auf den Arm. In diesem Moment war Marlies völlig vergessen. Zärtlich schmiegte sie sich an ihr Töchterchen, das seine Wurstfingerchen in ihre Haare krallte und kräftig, bis zur Schmerzgrenze, daran zog.

„Mein süßer kleiner Schatz", wisperte Susanne. „Hast du gut geschlafen, ja? Und jetzt hast du bestimmt Hunger, nicht wahr? Siehst du, Mama setzt sich jetzt in den Schaukelstuhl, und dann macht sie die Bluse auf... einen kleinen Moment, Süßes, gleich ist es so weit..."

Nachdem sie gestillt hatte, entspannte sich Susanne und träumte vor sich hin. Nina gluckste leise und war zufrie-den.

Für den Abend bereitete Susanne liebevoll ein schönes Essen bei Kerzenschein vor, um den Tag gebührend zu feiern. Immerhin verdiente sie jetzt ihr erstes eigenes Geld mit ihrem Beruf. Ihre Ferienjobs rechnete sie nicht dazu. Es war zwar nicht viel, aber sie war sehr stolz darauf.

Doch Klaus kam nicht.

Um neun Uhr löschte Susanne die Kerzen. Sie hatte inzwischen gegessen und die kleine Nina war schon lange im Bett. Susanne räumte auf und ging dann ins Schlaf-zimmer. Nachdem sie letzte Nacht kaum geschlafen hat-te, war sie heute rechtschaffen müde, und sie musste unbedingt Kraft für morgen tanken.

Gegen halb elf kam Klaus nach Hause. Er bewegte sich sehr leise und kam schon halb ausgezogen ins Schlafzimmer, obwohl noch Licht brannte.

„Die sind alle völlig verrückt geworden", begann er statt einer Begrüßung. „Ich hatte keine Chance, früher zu gehen oder dich auch nur anzurufen. Die Konferenz war ein voller Erfolg, und unsere Kunden haben uns zum Abendessen eingeladen. Das hat sich dann ziemlich in die Länge gezogen. Jetzt sind sie noch in einen Nachtclub gegangen, und da konnte ich mich endlich abseilen."

Er faltete die Hose ordentlich zusammen, bevor er sie auf den Stuhl legte, und sein Hemd hängte er auf einen Bügel. Die Krawatte kam in den Schrank, Strümpfe und Unterhose in den Wäschekorb. Er verschwand im Bad und kam nach einer Weile im Pyjama zurück.

Die Kleidung stank nach Rauch und Kneipe. Klaus hatte sich die Zähne geputzt, aber Susanne konnte den Alkohol riechen, als er neben ihr ins Bett schlüpfte.

„Du hast getrunken."

Das war das Erste, was sie an diesem Abend zu ihm sagte.

Klaus nickte. „Ja, sie wollten unbedingt feiern, und ich musste mithalten... du weißt doch, wie das ist. Man wird genötigt und hat keine Chance, sich zu wehren."

„Hoffentlich bist du nicht mehr Auto gefahren", meinte sie.

Er streckte sich aus, ließ den Kopf ins Kissen fallen und gähnte herzhaft. „Du hättest Polizistin werden sollen",

116

meinte er scherzhaft, „dann könntest du mir jetzt ein Strafmandat ausstellen."

„Die nehmen dir noch mal den Führerschein ab."

„Ach was, einem wie mir doch nicht. Meine Bosse haben alle gute Beziehungen..."

Er gähnte erneut. „Meine Güte, war das ein Tag", stöhnte er. „Schätzchen, ich hoffe, du hast dir nicht zu viel Mühe mit dem Essen gegeben. Ich kann's ja morgen Abend essen, da bin ich bestimmt früher zu Hause. Oh, ich bin völlig geschafft. Und weißt du, all diese Intrigen... einfach widerlich. Manchmal frage ich mich, warum ich das überhaupt mache."

Er schloss die Augen und war zehn Sekunden später bereits eingeschlafen.

„Danke", wisperte sie dann ganz leise, um ihn nicht zu wecken. „Der Tag war ganz toll. Diese lieben, wissbegierigen Kinder. Sie haben gleich begeistert mitgesungen. Ich war total motiviert, als ich aus der Schule kam, und hätte noch so viel zu erzählen. Aber ich will dich natürlich nicht belasten. Ach, und das Essen – das macht doch gar nichts. Nina und ich haben ohnehin alles aufgegessen. Es war gut, dass du zum Essen ausgegangen bist und nicht angerufen hast. Ich hätte das Telefon bei der lauten Stille im Wohnzimmer ohnehin nicht gehört, und du hättest dir nur Sorgen gemacht. Danke für den Kuss. Erhol dich gut bis morgen."

Sie löschte das Licht und drehte sich auf die Seite, mit dem Rücken zu Klaus.

9

Am nächsten Morgen war Klaus völlig zerknirscht. „Ich hab gestern wirklich völlig neben mir gestanden, als ich nach Hause kam."

„Du warst eben betrunken", meinte Susanne gleichmütig. Sie hatte all ihre Tränen bereits in der vergangenen Nacht in ihr Kissen geweint. Danach hatte sie sich überlegt, dass es wohl doch kein solches Drama war, wie sie es sich im ersten Moment eingebildet hatte.

Einige ihrer Kommilitoninnen hatten inzwischen auch geheiratet oder waren mit jemandem zusammen gezogen, und keine der Partnerschaften schien übermäßig glücklich zu sein – wenn sie nicht schon wieder beendet war. Susanne hatte von Anfang an die Ausnahme gebildet. Sie wusste auch, dass der Himmel nicht immer voller Geigen hängen konnte. Sie mussten beide erst lernen, richtig erwachsen zu werden, sich ihre Hörner abzustoßen und den goldenen Mittelweg zu finden, der eine harmonische Partnerschaft erst garantierte.

Ja, sie war sehr enttäuscht gewesen. Aber im Grunde genommen doch nur deswegen, weil sie nicht so wichtig genommen worden war, wie sie es gern gehabt hätte.

Allerdings hatte sie keine bahnbrechende Erfindung gemacht, die die Menschheit verändern würde, sondern lediglich ihren Job angetreten, wie Millionen anderer Menschen zum selben Zeitpunkt auch. Deswegen war die

Arbeit von Klaus nicht weniger wichtig geworden, denn es war immerhin etwas anderes, mit Millionen zu jonglieren und möglicherweise Existenzen neu aufzubauen, als ein paar Stunden mit Sechsjährigen zu verbringen. Sie hatte sich selbst wieder einmal überbewertet. Und deswegen war sie Klaus auch nicht mehr böse.

„Ich war nicht betrunken", protestierte Klaus. „Angeheitert, das stimmt. Du weißt doch, dass ich nichts vertrage. Aber der Tag war so lang, und ich war so erledigt, dass ich den Weg vom Auto bis ins Bett wie in einem Nebel zurückgelegt habe. Ich glaube, ich bin sogar mitten im Satz eingeschlafen."

„Ja, das stimmt."

„Und ohne dir einen Kuss zu geben! Du solltest dich sofort scheiden lassen." Er umarmte sie zärtlich und küsste sie.

„So etwas sagt man nicht", mahnte Susanne ernst. „Das ist kein Spaß."

„Hast Recht. Ich gewöhne mir schon den Jargon der Direktion an, nicht wahr? Das sind alles Ganoven, das sag ich dir. Und nur auf sich selbst bezogen. Worte wie ‚Achtung' oder ‚Respekt' können die wahrscheinlich nicht mal buchstabieren."

„Aber du wirst dich anpassen müssen, wenn du dazu gehören willst."

„Tja, leider. Kompromisse muss man eben immer schließen. Aber manchmal widert es mich an, ganz ehrlich. Dann denke ich mir, es wäre weitaus besser umzusatteln und etwas viel Bescheideneres zu machen... etwas Ehrliches, Bodenständiges. Etwas Handwerkliches, eine körperliche Arbeit, von der keine Existenzen abhängen."

Susanne lachte herzlich. „Du mit deinen zwei linken Händen? Du würdest es glatt fertig bringen, ein ganzes Mietshaus in die Luft zu jagen, obwohl du nur die Türklingel reparieren wolltest!"

„Das ist gemein!", widersprach Klaus, ebenfalls lachend. „Höchstens die Hälfte des Hauses!" Er verstaute einige Akten, die er mitgebracht hatte, in seiner Tasche. „Übrigens wusste ich schon, dass alles gut gegangen ist. Mutter hat es mir erzählt", berichtete er leichthin.

In Susanne krampfte sich etwas zusammen. „Ach... du hast mit ihr telefoniert?" Und mit mir nicht, wollte sie hinzufügen, aber sie brachte kein weiteres Wort mehr über die Lippen.

„Ja. Habe ich das nicht erzählt? Na ja, es gab ja auch nichts Wichtiges. So, jetzt muss ich aber los." Er hauchte ihr flüchtig einen Kuss auf die Wange und ging.

Susanne sah ihm voller zwiespältiger Gefühle nach. Seitdem sie durchgesetzt hatte, das Studium zu beenden und nach Ninas Geburt arbeiten zu gehen, gab es eine ständige Disharmonie zwischen ihnen. Aber sie wusste nicht, wie sie dagegen angehen sollte. Sie konnte und wollte nicht einfach nachgeben und den Vorstellungen von Klaus oder Marlies entsprechen. Dann hätte sie überhaupt keinen Fuß mehr auf den Boden bekommen.

Susanne war festen Willens, um die Unabhängigkeit ihrer Ehe von einer herrschsüchtigen Mutter zu kämpfen. Das würde viel Zeit erfordern, das wusste sie. Aber sobald Nina so weit war, um in den Vorkindergarten zu gehen, würde sie dafür sorgen, dass Marlies sich weniger in ihr Leben einmischen konnte. Auf Dauer, das erkannte Susanne inzwischen deutlich, konnte das so nicht gut gehen. Noch dazu, wenn Klaus auch weiterhin zu sehr auf seine Mutter hörte und von ihr beeinflusst wurde.

Die Monate vergingen. Susanne hatte gehofft, dass sich das Verhältnis zu ihrer Schwiegermutter mit der Zeit bessern würde. Sie hatte ihr nachgesehen, dass sie sich immer mehr in die Führung ihres Haushaltes einmischte, denn sie schien es wirklich gut zu meinen. Susanne nahm eine angebotene Hilfe gern an, wenn es allen Teilen zum Vorteil gereichte. Und Marlies schien es Freude zu bereiten, ihr zu helfen.

Trotzdem war Susanne so nach und nach dazu übergegangen, Nina zur Oma zu bringen, statt diese in ihr Haus kommen zu lassen. Die Stundenpläne standen fest, und der normale Schulalltag war eingekehrt. Susanne konnte ihre Termine daher gut abstimmen.

Allerdings hatte sie nicht mit Klaus gerechnet. Er machte nach wie vor häufig Überstunden, schaffte es aber wenigstens einmal in der Woche, früher nach Hause zu kommen und mit Nina zu spielen.

Bevor er das jedoch tat, inspizierte er gründlichst das Haus. Das erste Mal fand Susanne das noch einigermaßen lustig. Als er sie dann zur Rede stellen wollte, hatte sie einfach nicht hingehört, ihm Nina in den Arm gegeben und sich in die Küche verzogen. Das zweite Mal hatte sie lediglich mit den Schultern gezuckt.

Das dritte Mal kam sie nicht mehr so einfach davon. „Ich muss ein ernstes Wort mit dir reden", begann Klaus, „und diesmal hörst du mir bitte zu. Sonst beklagst du dich doch immer, dass wir zu wenig miteinander reden und ich nicht aus mir herausgehe, wie du dich so schön auszudrücken pflegst."

„Um Himmels willen, Klaus, was ist denn jetzt schon wieder los?" Susannes Stimme klang gereizt. Sie mochte den tadelnden Tonfall ganz und gar nicht, den er sich in letzter Zeit angewöhnt hatte.

„Wir sollten eine Putzfrau einstellen."

„Wie bitte? Weshalb das denn?"

„Weil du den Haushalt nicht mehr schaffst."

Susanne tippte sich mit dem Zeigefinger an die Schläfe. „Ich glaube, du spinnst. Ich mache den Haushalt genauso wie früher auch, und da warst du immer zufrieden. Die Teppiche sind gesaugt, und alles ist aufgeräumt und geputzt."

Klaus stieß einen Seufzer aus, der klang, als wäre er verzweifelt über ein uneinsichtiges Kind. „Das ist es eben nicht, Susanne! Du scheinst es nicht zu bemerken, aber überall liegt Staub herum, und die Möbel sind nicht richtig abgewischt. Da können sich jede Menge Bakterien drauf tummeln."

„So ist es auch. Genauso wie auf und in dir, lieber Klaus. Damit musst du wohl oder übel leben! Es gibt nichts klinisch Reines, absolut gar nichts. Sogar Howard Hughes musste das einsehen."

„Das weiß ich, hältst du mich etwa für blöd?"

Susanne lag bereits eine Antwort auf der Zunge, aber sie steckte zurück. „Hat Marlies sich wieder mal beklagt?", fragte sie stattdessen.

Klaus nickte. „Sie hat mich auf einige Sachen hingewiesen, ja. Und ich bin ihr dankbar dafür. Nina ist schließlich unser erstes Kind, und da kann man noch viel falsch machen."

„Ach, um Nina geht es?" Susanne hob die Brauen. „Da mach dir mal keine Sorgen. Ihr Fläschchen wird jedes Mal ausgekocht, damit keine Rückstände zurückbleiben. Ich passe bei den Nahrungsmitteln sehr genau auf, was ich einkaufe."

„Aber wenn ihr der Schnuller aus dem Mund fällt, machst du ihn nicht sofort sauber, nicht wahr?"

„Wenn ich es bemerke, schon."

„Siehst du, das ist der Punkt. Du kannst sie nicht ständig im Auge behalten. Und wenn sie dann irgendwelche Stoffe mit dem Schnuller aufnimmt und krank wird..."

Susanne winkte ab. „Klaus, mach nicht ein solches Theater! Nina soll in einer gesunden Umgebung aufwachsen. Wie soll sie widerstandsfähig werden, wenn alles von ihr

123

fern gehalten wird? Zu wenig Dreck kann Kinder genauso krank machen wie zu viel. Oder willst du allen Ernstes behaupten, das Haus wäre dreckig?"

Das letzte Wort hatte sie sehr deutlich betont, und es hing wie eine Drohung im Raum. Klaus musste sich jetzt sehr genau überlegen, was er darauf antwortete.

„Ich will nur das Beste für mein Kind", knurrte er, wandte sich ab und verschwand in der Küche.

„Geh jetzt nicht einfach weg!", rief Susanne ihm nach. „So ist es doch immer! Du beginnst eine Diskussion, und wenn du im Nachteil bist, gehst du einfach!"

„Weil man mit dir nicht diskutieren kann!", blaffte er aus der Küche zurück. „Immer kommst du gleich mit deiner Besserwisserei daher und versuchst mich belehren! Du behandelst mich wie einen Idioten!"

„Das stimmt doch gar nicht", verwahrte sich Susanne gekränkt. „Aber wenn du mich angreifst..."

„Du wertest doch alles immer gleich als Angriff gegen deine Person, Susanne! Du bist so perfekt, du kannst einfach alles, niemand darf dir deshalb etwas sagen. So ist es doch!" Klaus warf die Kühlschranktür geräuschvoll zu. „Und weshalb ist kein Bier da, verdammt noch mal?"

„Seit wann trinkst du zu Hause Bier?", schrie Susanne zurück.

„Ich habe dich vor einiger Zeit darauf hingewiesen, aber es hat dich nicht im Geringsten interessiert! Du kannst nicht verlangen, dass ich mich wie ein Abstinenzler verhalte, nur weil du nichts trinkst!"

124

„Ich stille doch noch!"

„Das ist dein Problem! Himmel noch mal, ich habe auch ein Leben! Ich arbeite zwischen 12 und 14 Stunden am Tag und will am Abend ein gemütliches Zuhause vorfinden! Ist das denn zu viel verlangt?"

Susanne konnte nicht mehr weiter und brach in Tränen aus. Leise schluchzend vergrub sie sich im Sofa, ein Kissen an sich gepresst.

Eine Weile herrschte eine ungemütliche Stille. Dann kam Klaus aus der Küche und blieb auf der Schwelle stehen, die Hände in den Hosentaschen und die Schultern hochgezogen.

„Es... es tut mir Leid", sagte er leise.

Susanne schniefte, suchte nach einem Taschentuch und verbarg ihr Gesicht dahinter.

„Mäuschen, sag doch was, bitte." Klaus kam mit zögernden Schritten näher und setzte sich auf die Sofakante.

„Du bist nicht zufrieden mit mir", schluchzte Susanne verzweifelt. „Ich kann dir einfach nichts recht machen, weil ich nicht deine Mutter bin. Aber ich gebe mir doch wirklich so viel Mühe! Ich finde es eben nicht unbedingt ganz so wichtig wie du, dass das Haus ständig auf Hochglanz poliert ist..."

„Das muss doch auch gar nicht sein, ich bin nur in Sorge wegen Nina... Bitte, hör auf zu weinen. Es tut mir wirklich Leid. Ich hätte mich nicht so gehen lassen dürfen."

125

„Das war unser erster Ehekrach, weißt du das? Und wegen so einer Lappalie... Ich hatte wirklich gedacht, dass wir anders sind als die anderen..."

„Das sind wir doch auch. Nur manchmal sind wir halt nicht besser." Klaus rutschte zu ihr hinüber und legte seinen Arm um sie. „In jeder guten Ehe gibt es Streit, Susanne. Das braucht man manchmal, um sich nachher einander umso näher zu fühlen."

Susanne strich ihre Haare zurück. Augen und Nase waren gerötet, und an den langen, dunklen Wimpern hingen noch vereinzelt kleine Tröpfchen. „Du hast mir wirklich unrecht getan", murmelte sie. „Ich habe nichts vernachlässigt."

„Natürlich nicht, Schätzchen. Aber sollte es dir doch zu viel werden, lassen wir eben einmal in der Woche eine Putzfrau kommen, was meinst du dazu?", schlug er vor. „Dann hast du auch mehr Zeit für deine Arbeit. Ich weiß doch, wie viel dir daran liegt."

Sie lehnte sich an ihn. „Klaus, ich habe heute wesentlich mehr Zeit als früher, weil ich nicht mehr so viel lernen muss. Es passt wirklich alles wunderbar. Und was das Einkaufen betrifft, schreib mir deine Wünsche auf und hänge sie an die Pinnwand. Dann vergesse ich auch nichts mehr."

Susanne gewöhnte es sich an, regelmäßig Bier mit nach Hause zu bringen. Seit dem Wechsel in die Hauptstelle hatte Klaus seine Gewohnheiten grundlegend geändert.

Er bevorzugte jetzt Bier zum Essen und zum Fernsehen. Weil er dann besser verdauen und schlafen könne, wie er sagte. Als er anfing zuzunehmen, machte Susanne ihn darauf aufmerksam. Auch Marlies hatte schon eine entsprechende Bemerkung gemacht und die Schuld natürlich ihrer Schwiegertochter gegeben. Doch Klaus interessierte das nicht im Geringsten. Er arbeitete sehr viel, verdiente inzwischen gutes Geld und hatte daher ein Anrecht darauf, wie er klar zum Ausdruck brachte.

Als ihm die Hosen dann doch zu eng wurden, fing er wieder mit dem Tennisspielen an. Dabei ging oft der ganze Samstag drauf, doch wenigstens nahm er wieder ab und wirkte zufriedener. Der Sonntag blieb der Familientag und gehörte vor allem Nina und ihrer Großmutter.

Susanne gewöhnte es sich ab, Klaus zu bitten, sie auf wichtige Termine oder Veranstaltungen zu begleiten oder sie zumindest hinzufahren. Entweder ging sie allein – nur mit Nina –, oder sie fand in der Schule jemanden. Die Kollegen und Kolleginnen waren im Großen und Ganzen in Ordnung, mit zweien oder dreien traf sie sich hin und wieder auch gern privat zu einem Plausch.

Klaus hatte nur Geschäftsfreunde, die er gelegentlich mit nach Hause brachte, aber Susanne konnte absolut nichts mit ihnen anfangen. Die Art der Unterhaltungen und die manchmal allzu derben, vor allem frauenverachtenden Witze lagen ihr nicht. Sie wunderte sich manchmal insgeheim, wie gut sich ihr Mann inzwischen angepasst hatte.

Auch Marlies schienen die Veränderungen an ihrem Sohn nicht entgangen zu sein. Weihnachten kam es fast zu einem handfesten Streit, als sie eine Bemerkung über sein Aussehen machte – und darüber, dass er selbst an Heiligabend nicht die Zeit gefunden hatte, pünktlich nach Hause zu kommen.

„Ich kann nicht einfach alles liegen und stehen lassen und nach Hause gehen", war Klaus sofort aufgebraust. „Was glaubt ihr denn, wie es bei einer Bank läuft? Dem Geld ist es egal, ob Weihnachten oder Ostern ist, und den meisten unserer Großkunden auch! Wenn ich mitspielen will, muss ich den Ball auffangen, sonst bin ich draußen!"

„Das ist ja gut und schön, aber es gibt doch für alles Grenzen", hatte Marlies ihn zurechtgewiesen. „Ich stelle mich nicht vier Stunden in die Küche, nur damit das Essen dann kalt wird und in sich zusammenfällt!"

„Ich weiß überhaupt nicht, was ihr wollt!", tobte Klaus ungehalten. „So habt ihr mich doch haben wollen! Jetzt tragt auch die Konsequenzen!" Dann war er aus dem Zimmer nach draußen auf die Veranda gestürmt, um eine Zigarette zu rauchen. Er hatte plötzlich das Rauchen angefangen, hielt sich aber immerhin noch insoweit an die Grenzen, dass er nicht das ganze Haus voll qualmte. Susanne hatte im Prinzip nichts dagegen, dass Klaus rauchte; in ihrem Freundeskreis war sie die einzige Nichtraucherin. Sie mochte es einfach nicht, ohne einen besonderen Grund. Aber die Umstände, die bei Klaus dazu geführt hatten, gefielen ihr nicht.

„Ich muss schon sagen", äußerte Marlies sich nach einer Weile, „das ist eine Art, die ich nicht tolerieren kann. Klaus hat scheint's seine ganze Erziehung vergessen."

„Ich weiß auch nicht, was mit ihm los ist. Sicher ist er total überarbeitet", erwiderte Susanne. „Ich habe ihm bereits vorgeschlagen, in Urlaub zu fliegen, für drei Wochen zumindest. Wir können es uns schließlich leisten, und Nina ist groß genug. Einfach zum Entspannen und um die Seele baumeln zu lassen. Aber er sagt, dass er dazu keine Zeit hat. Er denkt nur noch an die Arbeit... wie in einer Tretmühle."

„Das ist bedauerlich. Ich bin enttäuscht von dir, Susanne." Das war nicht einmal vorwurfsvoll gemeint, lediglich sachlich als Tatsache ausgesprochen worden.

Eine eiskalte Hand legte sich um Susannes Herz. „Inwiefern?", fragte sie, so ruhig und emotionslos wie möglich.

„Nun, das ist eine dumme Frage", antwortete Marlies. „In den vier Jahren eurer Ehe hat sich Klaus sehr verändert. Er ist kaum mehr wieder zu erkennen, überhaupt nicht mehr mein Sohn. Ich habe ihn weder so erzogen, noch hätte ich es zugelassen, dass er sich so entwickelt."

„Aber das ist nicht meine Schuld...", begann Susanne, wurde jedoch sofort wieder unterbrochen.

„Schieb nicht immer alles auf die anderen, meine Liebe. Es steht zweifelsfrei fest, dass Klaus vor eurer Ehe ein ganz anderer gewesen ist. Du stehst nicht genug zu ihm und versorgst ihn nicht ausreichend!"

In Susanne erwachte der Kampfgeist. „Ich tue alles für ihn, Marlies! Diese Unterstellung weise ich zurück!"

Marlies Teubner hob beschwichtigend die Hände. „Ich zweifle nicht daran, dass ihr euch liebt, Susanne. Aber du stößt ihn doch ständig vor den Kopf. Klaus ist keiner deiner ehemaligen Studenten oder Alternativen; er ist sehr bürgerlich aufgewachsen und sieht in einer Frau keine Amazone, die meint, der ganzen Welt beweisen zu müssen, was sie alles schafft."

„Klaus ist so alt wie ich, Marlies", entgegnete Susanne ruhig. „Er muss allmählich lernen, dass es keine absolutistische Rollenverteilung für Mann und Frau mehr gibt. Eine Ehe ist eine gleichberechtigte Partnerschaft, in der jeder das leistet und tut, was er am besten kann. Ich unterstütze Klaus sehr wohl bei seiner Arbeit, wohingegen er bei meiner..."

„Entschuldige bitte, aber du kannst nach einer 70-Stunden-Woche doch nicht erwarten, dass er ein Rudel Kinder beschäftigt! Außerdem hat er Nina!" Marlies schob die Kaffeetassen auf dem Tisch herum. „Und du unterstützt ihn wohl auch nicht so sehr, wie du behauptest. Er hat mir erzählt, dass du nie mit zum Tennis gehst und dich nur ganz selten auf Veranstaltungen zeigst, zu denen du auch eingeladen bist. Du weißt hoffentlich, was das für einen Eindruck auf seine Vorgesetzten machen muss, wenn die eigene Frau fehlt. Das ist deine Pflicht!"

Auf diese Vorwürfe schwieg Susanne. Es hatte keinen Sinn, sie musste sich immer wieder dieselben Dinge anhören. Es gab keine vernünftige Verteidigung dagegen, denn Marlies hatte nun einmal ihre klaren Vorstellungen. Doch sie hatte gehofft, dass Klaus sich ändern würde, nachdem sie zusammen gezogen waren. Aber offensichtlich war er häufiger bei seiner Mutter, als er ihr gegenüber eingestanden hatte.

Auf dem Heimweg fragte Susanne ihren Mann: „Klaus, meinst du nicht, dass wir einmal wegfahren sollten?"

„Warum?", kam es zurück.

Geduldig erklärte sie: „Weil ich glaube, dass unsere Ehe ernsthaft in Gefahr ist. Jeder von uns lebt irgendwie für sich allein. Am Sonntag sind wir zwar zusammen, aber da spielt Nina die absolute Hauptrolle und lenkt uns von uns ab. Haben wir denn überhaupt noch Gemeinsamkeiten?"

Sie sah Klaus von der Seite an, in der Sorge, dass seine Miene sich sofort wieder verhärten würde. Aber er sah nur sehr ernst aus.

„Ich glaube, du hast Recht", sagte er schließlich.

Susanne fasste langsam Mut. „Wenn wir einmal weg von allem sind und Zeit nur für uns haben, werden wir wieder zusammen kommen. Ich liebe dich, Klaus, nicht weniger als früher. Aber irgendwie... zeigen wir es uns nicht mehr."

Er nickte. „Ich weiß, was du meinst." Sie lagen zwar im selben Bett, aber Zärtlichkeiten gab es kaum noch zwischen ihnen. Wenn sie einmal im Monat miteinander schliefen, war das viel. „Wie lange hast du noch Ferien?"

131

„Nur noch bis zum zweiten Januar, das ist zu kurz. Aber im Februar habe ich eine Woche Winterferien, da könnten wir wegfliegen..."

„Abgemacht."

Susanne starrte ihn ungläubig an. „Wirklich?"

Klaus lächelte. „Heilig versprochen und geschworen. Bis Neujahr nehme ich mir frei, dann machen wir eben hier schöne Ausflüge, und im Februar fliegen wir eine Woche irgendwohin, wo es warm ist."

Damit war es beschlossene Sache. Susanne freute sich sehr darauf, auch schon auf die nächsten paar Tage, wenn Klaus zu Hause sein würde.

Aber sie sollte sich wundern. Klaus verbrachte die meiste Zeit im Tennisclub, und wenn er einmal zu Hause war, schlief er meistens ein, nachdem er zwei, drei oder mehr Flaschen Bier geleert hatte. Susanne beschwerte sich nicht; sie war schon froh, dass ihr Mann sich endlich einmal entspannte und hoffte, dass das die Stimmung heben würde.

Anfang Februar sprach sie ihn auf die geplante Reise an.

Er hatte es völlig vergessen. Und nicht nur das! Er hatte nicht einmal Zeit. Ein neuer Großkunde war gefunden worden.

Als Susanne ihre Enttäuschung äußerte, rastete Klaus völlig aus. Er schrie sie an, was sie sich überhaupt einbilde und dass das Geld nicht von selbst aufs Konto käme. Sie solle sich gefälligst um Kind und Haus kümmern, anstatt

132

ihre gesamte Kraft in der Schule zu vergeuden, dann bräuchte sie auch keine Ferien in irgendeinem langweiligen Hotel mit einem langweiligen Swimmingpool und langweiligen Abenden.

Susanne schwieg erschrocken. Für einen kurzen Moment hatte sie geglaubt, dass Klaus sie schlagen wolle. Er hatte schon einige Bier intus und war nicht mehr allzu sicher auf den Beinen, darum hätte es auch eine unsichere Geste sein können.

Nina kam weinend herunter, weil die lauten Stimmen ihr Angst gemacht hatten. Susanne ging mit in ihr Zimmer und sang sie zärtlich in den Schlaf. Dann kuschelte sie sich neben das Kinderbettchen und verbrachte dort die Nacht.

10

In dem Jahr, als Nina drei wurde, geschah etwas absolut Unerwartetes und Weltbewegendes: die Berliner Mauer fiel. Das politische System des Ostens war zusammengebrochen, und die Grenzen wurden geöffnet.

Es war eine bewegende Zeit. Tausende von Familien fanden wieder zueinander. Die Mauer in Berlin wurde abgerissen, und die Menschen konnten ungehindert von der einen zur anderen Seite reisen, so oft sie wollten. Zehntausende säumten die Straßen im wieder vereinigten Berlin, bildeten Lichterketten und sangen.

„Ist das nicht wunderbar?", fragte Susanne gerührt ihren Mann, als sie abends vor dem Fernseher die Übertragung der Feierlichkeiten ansah.

„Das erschließt uns goldene Pfründe", freute sich Klaus.

„Wovon sprichst du?"

„Es wird einen riesigen Aufschwung geben, Subventionen ohne Ende...damit können wir endlich reich werden!"

„Oh", machte sie nur.

Sein Kopf ruckte herum. „Was bedeutet dieses ‚oh'?"

„Es gab eine Zeit, da hättest du gewusst, was ich meine. Was mir dieser Moment bedeutet", sagte sie leise.

Er lachte humorlos. „Susanne, du bist schon lange nicht mehr an der Universität. Du hörst dich aber immer noch so an wie eine von deinen Alternativen- oder Müsli-Freundinnen! Werde doch endlich einmal erwachsen!"

In ihre Augen stiegen Tränen. „Ich verstehe dich einfach nicht mehr!"

„Vielleicht solltest du dir mal etwas Mühe geben", erwiderte er hart. „Du denkst wohl immer noch, die Welt nach deinen Regeln gestalten zu können, was? Aber das funktioniert so einfach nicht, kapierst du? Ich bin durch eine sehr harte Lehre gegangen. Ich kann dir sagen, was diese glorreiche Wiedervereinigung bedeuten wird – auf die Tränen der Rührung wird Ernüchterung folgen. Ernüchterung bei denen in der Zone, weil sie auf einmal arbeiten müssen, um ihr Auskommen zu haben. Ernüchterung bei uns, weil sie uns alles wegnehmen werden, um den Aufbau drüben zu finanzieren. Wir werden Steuern zahlen ohne Ende, und nichts wird dabei heraus kommen. Aber du und ich, Schätzchen, machen da nicht mit. Ich sitze genau an der richtigen Stelle. Für uns wird sich diese Katastrophe zu einem Goldesel entwickeln!"

„Und macht dich das glücklich?", fragte sie verzweifelt.

Er drehte den Kopf zum Fernseher, die blassen grauen Augen starr auf den Bildschirm gerichtet. „Wer fragt danach, Susanne. Sein ganzes Leben lang ist der Mensch auf der Suche nach dem Glück. Aber das kann man nicht finden, man muss es sich selbst schaffen, verstehst du? Egal, zu welchem Preis. Eines Tages wirst du damit die Zufriedenheit erreichen, nach der du dich sehnst." Seine rechte Hand tastete sich über die Sessellehne hinab, fand die Bierflasche und hob sie hoch. Er trank in tiefen, gleichmäßigen Schlucken.

Susanne schwieg. Nina war in ihrem Arm eingeschlafen, obwohl sie unbedingt das Feuerwerk hatte sehen wollen.

„So muss es nicht sein", sagte Susanne schließlich. „Das sind alles nur dumme Ausflüchte. Ich lasse mich von dir nicht dafür verantwortlich machen, dass du dich selbst hasst."

„Ich hasse mich nicht", behauptete er gelassen. „Ich bin nur erwachsen geworden."

Am nächsten Tag versuchte Susanne zum wiederholten Mal, ihre Eltern zu erreichen. Im ersten Jahr nach Ninas Geburt waren sie einige Male für ein paar Tage zu Besuch in Berlin gewesen, und auf wundersame Weise hatte sich der Kontakt verbessert. Obwohl Susannes Eltern nach wie vor sehr viel unterwegs waren, riefen sie jetzt öfter an oder schickten Briefe.

Seit den ersten Anzeichen für die Öffnung des eisernen Vorhangs hatte Susanne immer wieder in Dortmund angerufen. Weil sich dort aber immer nur der Anrufbeantworter meldete, wandte sie sich schließlich an verschiedene Bekannte ihrer Eltern, deren Telefonnummern sie von früher noch hatte, und zuletzt an die Fernsehanstalten und Zeitschriftenverlage, für die die beiden zuletzt tätig gewesen waren.

Endlich wurde Susanne fündig. Ihre Eltern waren für ein Monatsmagazin in Venezuela tätig – und verpassten so ausgerechnet den wichtigsten Moment in der deutschen Geschichte seit dem Bau der Berliner Mauer.

„Darüber werden sie sich bestimmt ziemlich ärgern, wenn sie erst zurück sind", sagte sie zu Klaus. „Sie müssen sich irgendwo im Dschungel aufhalten, denn leider gibt es keine Möglichkeit, Kontakt aufzunehmen."

„In ein paar Tagen sind sie ja zurück", meinte er gleichgültig.

Trotzdem beschlich Susanne auf einmal das düstere Gefühl einer Vorahnung, das es ihr unmöglich machte, in Ruhe abzuwarten. Sie rief jeden Tag zweimal in der Redaktion an – bis schließlich sie angerufen wurde.

Ihre schlimmen Befürchtungen hatten sich bewahrheitet. Susannes Eltern waren in der Wildnis Venezuelas bei dem Absturz eines zweimotorigen, sechssitzigen Flugzeugs ums Leben gekommen.

Diese Nachricht traf Susanne wie ein Schlag, von dem sie sich nur sehr langsam erholte.

Nina ging jetzt in den Vorkindergarten. Marlies war sehr empört darüber gewesen, aber Susanne hatte sich nicht umstimmen lassen und ohne Diskussionen, einfach ganz allein entschieden. Sie fragte Klaus schon lange nicht mehr um seine Meinung, da er ohnehin keine eigene hatte.

In der Schule war sie längst anerkannt. Sie liebte ihre Arbeit mit den Kindern und gab ihr Bestes. Was sie in der Schule an Erfahrungen gewann, brachte sie mit nach

Hause und versuchte, Nina so gut wie möglich auf das Leben vorzubereiten.

Nina hatte viel Spaß in der neuen Kindergruppe, und es machte ihr auch nichts aus, einmal länger dort zu bleiben, wenn Susanne noch zu tun hatte.

Als Klaus davon über seine Mutter erfuhr, gab es eine heftige Szene zu Hause, aber er konnte sich nicht durchsetzen. Sonst stets kimpromissbereit, blieb Susanne hier hart.

„Nina muss unter Leute kommen und mit Gleichaltrigen spielen, sie muss den sozialen Kontakt so früh wie möglich lernen!", sagte sie energisch. „Sie ist in dem Alter, in dem sie anfängt, viele Fragen zu stellen, und sie muss gute und einleuchtende Antworten bekommen, nicht irgendwelche Phrasen."

„Zweifelst du etwa daran, dass meine Mutter das kann?", rief Klaus aufgebracht.

„Allerdings. Sie ist starr und unbeweglich, Klaus! Meine Güte, sie ist gerade mal Mitte vierzig, aber sie kommt mir vor, als wäre sie achzig! Nina ist manchmal ganz verstört, wenn sie zurückkommt, weil sie ständig irgendwelche Verhaltensregeln auswendig lernen muss und weil ihr nahezu alles verboten wird. Sie ist doch noch ein kleines Kind!"

„Mir hat das auch nicht geschadet!"

„Ach ja? Dann sieh doch mal in den Spiegel! Das ist gewiss nicht meine Schuld, auch wenn Marlies dir das weismachen möchte!"

138

„Ich hätte eine viel bessere Lösung, meine Liebe", konterte Klaus, ohne auf ihren Vorwurf einzugehen. „Wie wäre es, wenn du die Erziehung des Kindes vollständig übernehmen würdest und zu Hause bliebest? Dann könnten wir uns diese ganzen sinnlosen Auseinandersetzungen nämlich sparen!"

Es war immer dasselbe, sie drehten sich im Kreis. Normalerweise hätte es inzwischen gereicht, einfach ein Tonbandgerät abzuspielen, wenn es wieder einmal so weit war.

Susanne ließ sich nicht beirren. Sie konzentrierte sich weiterhin auf ihre Arbeit und schuf für Klaus dennoch ein schönes Heim, sie bereitete ihm jeden Abend einen freundlichen Empfang und ein Essen. Um nichts in der Welt hätte sie sich vor Marlies die Blöße gegeben, dass ihr eines Tages alles zu viel würde – was allerdings auch nicht der Fall war.

Im Gegenteil, sie bürdete sich noch eine Aufgabe auf, von der Klaus eines Abends eher zufällig erfuhr, als er ausnahmsweise einmal früher nach Hause kam.

Susanne telefonierte gerade. Sie schien sich gut zu unterhalten und ließ sich durch die Ankunft von Klaus nicht aus der Ruhe bringen.

„Wer war das?", fragte er, sobald sie aufgelegt hatte.

Susanne wirkte gelöst und gut gelaunt. „Das war Werner. Ein Lehrerkollege von der Grundschule."

„Kenne ich nicht."

„Natürlich nicht. Du warst bei den Abschlussfeiern ja auch nie mit dabei. Er arbeitet dort schon seit zehn

Jahren und hat einige Projekte initiiert, die sogar die Aufmerksamkeit der Presse erregt haben."

Klaus grinste abfällig. „Muss ja ein toller Bursche sein. Sieht er wenigstens gut aus?"

Susanne lehnte sich an den Türrahmen und verschränkte die Arme. „Findest du nicht, dass das eine ziemlich kindische Frage ist?"

„Wieso?", lachte er gehässig. „Ich finde es eine ganz normale Frage. Sicher gibst du dich nicht mit jedem ab." Er legte den Mantel ab und sah die Post durch.

Susanne ging wortlos in die Küche.

„He", rief Klaus ihr hinterher, „was hat dieser Bursche denn überhaupt mit dir zu schaffen? Geht ihr essen, ins Kino oder was?"

„Nichts dergleichen", antwortete Susanne. „Er ist seit Jahren Vorsitzender eines Vereins zum Schutz misshandelter und missbrauchter Kinder."

Klaus kam langsam in die Küche. „Wie war das, bitte?"

„Du ahnst gar nicht, wie viele Kinder mit blauen Flecken oder Prellungen in die Schule kommen", fuhr Susanne fort, während sie den Salat putzte und in ein Sieb gab. „Ganz zu schweigen von denen, die seelisch misshandelt werden... oder sexuell..."

„Du... du bist verrückt", stieß Klaus hervor. Er griff sich an den Kopf. „Jetzt bist du völlig übergeschnappt. Wer sollte denn so was tun?"

Susanne unterbrach kurz ihre Arbeit und sah ihn an. „Na, die Eltern! Wer sonst", eröffnete sie ihm.

140

„Wie bitte? Und das stellt man jetzt auf einmal fest? Ist das eine neue Modeerscheinung oder was?" Klaus konnte es nicht fassen. „Da kommt ein Werner daher und behauptet so etwas, und ihr eröffnet die Hetzjagd?"

Susanne schüttelte den Kopf, während sie Wasser ins Spülbecken laufen ließ und das Sieb hineintauchte. „Ich habe wirklich nicht erwartet, dass du das verstehst, Klaus. Dabei solltest gerade du wissen, wovon ich rede."

„Ich glaube, du spinnst!", wiederholte er mit lauter werdender Stimme. „Du solltest mal zum Psychiater gehen, du leidest unter Verfolgungswahn!"

„Ich habe es ja selbst nicht glauben wollen", berichtete Susanne. „Ich kam darauf, weil einer meiner Schüler sich plötzlich verhaltensauffällig benahm. Es hat eine Menge Zeit und Geduld gekostet, bis er sich mir endlich anvertraute. Weil ich nicht weiter wusste, habe ich mit Werner darüber gesprochen – und war damit gleich an der richtigen Adresse. Er hat mir alles über seine Arbeit berichtet, und seither mache ich in dem Verein mit." Sie drehte den Kopf zu ihrem Mann. „Klaus, Kinder werden seit Jahrtausenden versklavt, zur Schwerstarbeit gezwungen, in die Prostitution verkauft. Und darüber hinaus noch von ihren eigenen Eltern geschlagen oder missbraucht. Wir sind nur davon ausgegangen, dass es das nicht gibt, weil es ein Tabu war. Niemand hat darüber je geredet, es wurde immer totgeschwiegen. Die Kinder sind allein gelassen worden und wurden zu seelisch kranken Erwachsenen, die womöglich ihren Kindern wiederum dasselbe

141

antun. Das muss aufhören! Es wird Zeit, dass die Leute sich damit beschäftigen, denn nur so können wir diesen Teufelskreis durchbrechen."

Susanne widmete sich wieder dem Salat. Klaus holte sich ein Bier aus dem Kühlschrank.

„Ich glaube, wir haben in letzter Zeit nicht sehr viel gemeinsam unternommen... und auch nie jemanden zu uns eingeladen.", schnitt er ein neues Thema an, das ihn mehr beschäftigte als Susannes „intellektuelle Hirngespinste".

„Wir haben keine gemeinsamen Freunde, Klaus." Susanne hob die Schultern. „Aber das macht nichts. Die wenigen Stunden, die wir miteinander verbringen, sollten wir uns genug sein. Und den Rest der Zeit beansprucht Nina."

Er lächelte. „Unser kleiner Sonnenschein. Sie hat mir gesagt, dass sie schon eine Menge gelernt hat, und will mir alles beibringen."

„Klaus?"

„Ja?"

„Denkst du, es wird je wieder so wie früher?"

„Nein." Klaus ging zu Susanne und legte seine Arme um sie. „Wir sind älter geworden, Schatz. Aber wir lieben uns doch noch, oder?"

Sie nickte stumm. Eine Träne rollte über ihre Wange. Er drückte sie an sich. „Ich jedenfalls liebe dich, und dein Nicken werte ich als Zustimmung, dass du mich auch noch liebst. Ich weiß, wie schwer wir es haben. In letzter

Zeit streiten wir sehr viel. Wir brauchen eben noch mehr Zeit, um uns kennen zu lernen. Aber wir stehen das durch, nicht wahr? Ich kann nicht ohne dich leben, das weißt du."

Sie küssten sich, zum ersten Mal seit langer Zeit wieder voller Zärtlichkeit und Leidenschaft.

Später beim Essen, sagte Klaus mit glänzenden Augen: „Das ist heute wirklich eine gute Gelegenheit, um dir von meiner Überraschung zu erzählen. Weißt du, ich bin sehr stolz auf dich. Du leistest etwas ganz Besonderes, und da kann ich natürlich nicht mithalten. Trotzdem habe ich etwas für dich, was dich bestimmt auch freuen wird."

Susanne machte ein neugieriges Gesicht. Sie hatte keinerlei Vorstellung, womit Klaus sie überraschen wollte.

Er verschwand kurz und kam gleich darauf mit einem Umschlag in der Hand zurück.

„Schau dir das an!", strahlte er.

Susanne öffnete gespannt den Umschlag und zog einen Stapel Papiere hervor. Sie überflog die erste Seite, und ihre Augen weiteten sich. „Du hast ein Haus gekauft?"

„Ja!" Klaus schlug die Hände zusammen. „Mit einem ausgebauten, hellen Keller, der zwei Arbeitsräume für uns bietet! Dann haben wir endlich genug Platz!"

„Wieso... aber hier haben wir doch sogar zwei Kinderzimmer und..." Susanne musste sich erst einmal mit dem Gedanken anfreunden, hier auszuziehen. Sie liebte das Haus.

„Haben wir dort auch alles, plus den beiden Arbeitszimmern. Und außerdem ist es ein neues Haus, es wurde erst vor einem Jahr fertig gestellt. Du musst es dir anschauen, du wirst überwältigt sein!" Klaus sah sie erwartungsvoll an.

„Aber... wo ist denn dieses Haus?"

„Nicht weit von hier, näher an deiner Schule, aber mehr im Grünen. Es ist einfach alles ideal! Der Vertrag ist schon vorbereitet. Es fehlen nur noch deine Unterschrift und die notarielle Beglaubigung für die vorläufige Eintragung im Grundbuch, und das Haus gehört uns!"

„Und die Finanzierung?"

„Kein Problem. Ich habe einen Spitzenpreis herausgehandelt und kann mehr als die Hälfte anzahlen. Mit dem Rest beleihe ich das Haus in Frohnau. Nun sag schon, bist du überwältigt?"

Susanne lehnte sich zurück. „Allerdings. Überwältigt ist genau das richtige Wort. Darf ich mir das Haus zuerst ansehen, bevor ich meine Unterschrift unter den Vertrag setze?"

„Das sollst du sogar. Weißt du, ich möchte ein eigenes Heim für uns. In meiner Position haben wir es nicht mehr nötig, in einer alten Hütte zur Miete zu wohnen. Ich hasse Umzüge, und in dem neuen Haus möchte ich gern bis zur Rente bleiben, vielleicht darüber hinaus. Es ist ein großer Garten dabei. Ich könnte dort sogar Rosen züchten oder so." Seine Stimme überschlug sich fast vor Begeisterung.

144

Er hatte es sich also fest in den Kopf gesetzt. Susanne hatte das Gefühl, dass sie nur noch ihren Segen dazu geben konnte.

„Ist das Haus denn leer?", wollte sie wissen.

„Es wird gerade leer geräumt", berichtete Klaus. „Die Besitzer ziehen um, weil das Haus ihnen zu groß geworden ist. Ich bin natürlich über die Bank daran gekommen. Wollen wir es heute noch ansehen? Bitte sag ja! Ich kann es kaum mehr erwarten!"

Susanne gab zögernd nach. Nina, die irgendetwas von „ansehen" und „rausgehen" mitbekommen hatte, begann ihren Vater eifrig zu unterstützen.

Bereits nach wenigen Autominuten waren sie beim neuen Haus angekommen. Susanne war wirklich beeindruckt. Das Anwesen war groß, ebenfalls das Haus, modern, aber nicht nüchtern. Mit großen Fenstern, hell und freundlich. Die Aufteilung innen war nahezu perfekt. Und es gab sehr viel Platz. Susanne musste zugeben, dass sie der Gedanke reizte, ein eigenes Arbeitszimmer zu bekommen, ebenso für Klaus. Da konnte dann jeder schalten und walten, wie er wollte, ohne Angst, dass das Kind an etwas drankommen könnte und deshalb aufräumen zu müssen.

„Also gut, ich überlege es mir", sagte sie abschließend. „Aber lass mich erst mal drüber schlafen, bitte. Ich muss das alles verdauen."

„Einverstanden", jubelte Klaus. „Ich habe gewusst, dass es dir gefallen wird!"

„Was sagt denn Marlies dazu?"

„Sie findet es nicht schlecht", platzte Klaus prompt heraus und verriet damit, dass sie wieder einmal alles vor Susanne erfahren und das Haus sogar schon besichtigt hatte. Aber Susanne fühlte sich nicht einmal mehr verletzt. Sie hatte es sich bereits gedacht.

„Sie fing zwar wieder von ihrem Haus an, aber ich konnte sie überzeugen, dass dieses Haus einfach besser für uns ist, vor allem in Hinsicht auf den Wertzuwachs. Mit diesem Haus im Rücken stehe ich auch bei der Bank sehr viel besser da. So eine Gelegenheit darf man sich einfach nicht entgehen lassen."

Am Tag darauf, gegen sechs Uhr abends, läutete das Telefon.

„Hier spricht Walter Berger", meldete sich eine Susanne völlig unbekannte Stimme. „Ist Herr Teubner schon zu Hause?"

„Nein, wahrscheinlich ist er noch in der Bank", antwortete sie.

„Nun, eben nicht mehr. Ich bin ein Kollege von ihm, wissen Sie? Wir haben uns einmal auf einem Cocktailempfang gesehen..."

„Tut mir Leid, aber ich kann mich nicht mehr an Sie erinnern. Soll ich meinem Mann etwas ausrichten, wenn er nach Hause kommt?"

„Ich weiß nicht... ich habe bereits versucht, mit ihm zu reden... Frau Teubner, können Sie nicht mit ihm reden?

Bitten Sie ihn, das nicht zu machen. Es geht doch um alles…"

„Herr Berger, ich weiß gar nicht, wovon Sie reden. Worum geht es denn überhaupt?"

Peinlich berührt hörte Susanne, dass der Mann am anderen Ende zu schluchzen begann.

„Ich bin 56, Frau Teubner, ich bekomme doch keine Arbeit mehr… zumindest keine adäquate. Und wenn er mir jetzt noch das Haus nimmt, habe ich gar nichts mehr."

Allmählich dämmerte es Susanne. „Nun mal langsam und der Reihe nach, Herr Berger. Erzählen Sie mir alles ganz genau."

„Danke, dass wenigstens Sie mir zuhören", wimmerte der gepeinigte Mann. „Wissen Sie, seit der Öffnung der Grenzen hat sich so viel verändert. Es wird unglaublich viel in den Osten investiert, man verspricht sich wahnsinnige Profite davon. Aber das Geld dafür muss natürlich irgendwo herkommen… und da fangen sie natürlich als Erstes an, Personal abzubauen."

„Herr Berger, wenn Sie schon lange bei der Bank sind, bekommen Sie doch bestimmt eine hohe Abfindung", versuchte Susanne schwach, ihn zu trösten.

„Erstens reicht mir das doch niemals bis zur Rente, und zweitens bin ich ganz übel ausgetrickst worden! Ich schwöre Ihnen, Frau Teubner, ich habe nichts Unrechtes getan, auch wenn alles danach aussieht. Ihr Mann aber hat nicht mit sich reden lassen und hat dafür gesorgt, mich auf ganz billige Weise loszuwerden…"

„Herr Berger, was reden Sie denn da? Das kann mein Mann unmöglich getan haben!"

„Frau Teubner, Sie waren schon sehr lange nicht mehr bei uns. Ihr Mann hat eine sehr mächtige Position, und die obersten Bosse hören auf ihn. Ich bin nicht der Erste, der in all den Jahren gehen musste. Aber bei mir geht es nun wirklich um die Existenz!"

„Herr Berger", sprach Susanne ihren Verdacht jetzt laut aus, „das Haus, von dem Sie reden... liegt das in Hermsdorf? In der Nähe der Forststraße?"

„Ja", kam die leise Antwort. „Der Preis, den er mir geboten hat, liegt weit unter dem, was ich damals bezahlt habe. Das Haus ist sozusagen neu, und ich habe sehr viel investiert..."

Susanne spürte Übelkeit in sich aufkommen. „Das kann ich mir vorstellen", sagte sie mühsam. „Aber ich weiß nicht, was ich da machen kann, Herr Berger. Auf die Bankenpolitik habe ich keinerlei Einfluss. Mein Mann bezieht mich in seine Entscheidungen nicht mit ein... Sie haben ja selbst gemerkt, dass ich keine Ahnung habe, was er dort überhaupt macht."

„Aber vielleicht können Sie ihm ins Gewissen reden, Frau Teubner", flehte Berger. „Sie sind meine letzte Chance! Ich habe eine Familie, verstehen Sie, und eine kranke Frau, die nicht mehr arbeiten kann! Es muss doch einen humaneren Weg geben!"

„Ich verspreche, dass ich das tun werde, Herr Berger. Geben Sie die Hoffnung nicht auf; irgendwie gibt es immer einen Weg." Susanne legte auf und sank auf der Sessellehne zusammen. Für einen Moment war sie unfähig, sich zu bewegen. Verzweifelt versuchte sie, ihre Gedanken zu ordnen. Ihr Herz pochte so heftig, dass es ihr in der Brust wehtat.

„Das kann doch nicht sein", dachte sie. „Das darf einfach nicht sein."

Sie hatte sich immer noch nicht gerührt, als der Schlüssel im Haustürschloss umgedreht wurde und Klaus nach Hause kam.

„Hallo, Süße!" Sichtlich angetrunken torkelte er herein. „Entschuldige die Verspätung, aber ich musste unbedingt noch unser neues Haus mit ein paar Kollegen begießen!"

Susanne antwortete nicht. Klaus kam näher. Er schien wieder etwas klarer zu sehen, denn sein Lächeln versiegte.

„Was ist denn mit dir los?", fragte er erschrocken. „Ist etwas passiert?"

Susanne hob den Kopf und schüttelte die brünette Haarmähne zurück. Die Starre fiel von ihr ab. Ruckartig stand sie auf und ging zum Couchtisch, auf dem seit gestern der Vertrag lag. Sie nahm ihn an sich. „Hier, dein Vertrag", sagte sie mit einer so fremden, fast mechanischen Stimme, dass sie über sich selbst erschrak. Sie schleuderte die Papiere ihrem Mann entgegen. „Zünde damit das Kaminfeuer an oder wirf ihn in den Papierkorb, was auch immer du willst. Ich werde ihn jedenfalls niemals unterschreiben."

„Was... wie bitte? Weshalb denn nicht?" Er gab sich völlig unschuldig. Ein wenig fahrig machte er sich daran, die Blätter einzusammeln.

„Weil dieser Vertrag einen anderen in den Ruin treibt!", schrie Susanne mit überkippender Stimme. „Deinen Kollegen Walter Berger! Er hat nämlich gerade hier angerufen!"

Klaus wurde schlagartig nüchtern. Seine Miene verhärtete sich. „Ich verstehe", sagte er langsam. „Dieser Idiot. Das hätte er nicht tun sollen."

„Ach, und weshalb nicht?", schrie Susanne. Tränen stürzten aus ihren Augen, sie hatte sich kaum mehr unter Kontrolle.

„Nun, weil ich mir deine hysterische Reaktion ersparen wollte", antwortete Klaus kühl. „Du musst doch immer die Weltverbesserin spielen. Ich kann dir nur sagen, dass Berger ganz allein schuld an seinem Unglück ist. Ich habe ihm einen guten Preis für sein Haus geboten. Käme es unter den Hammer, würde er weitaus schlechter wegkommen."

Susanne wischte mit zitternder Hand die Tränen von ihrer Wange. „Er sagt, er sei unschuldig." Endlich brachte sie einen gemäßigteren Tonfall zustande. Sie war bereits heiser.

„Ja, das sagen sie alle", meinte Klaus. „Wenn er keinen Dreck am Stecken gehabt hätte, hätte er eine feine Abfindung kassiert und das Haus behalten können. Aber so — er ist noch gut weggekommen dabei. Ich habe immerhin verhindern können, dass die Bank ihn wegen Unterschlagung anzeigt."

„Soll er dir dafür etwa dankbar sein?", zischte sie.

Klaus machte eine bestätigende Geste. „In gewisser Weise, ja. Ich habe zwar seine Machenschaften aufgedeckt, aber das Beste für ihn rausgeholt. Und was willst du eigentlich? Ich wäre doch dumm, wenn ich jetzt nicht zugreifen würde! Schon in einem halben Jahr werden die Preise in Berlin nicht mehr zu bezahlen sein!"

„An diesem schmutzigen Handel will ich keinen Anteil haben", festigte Susanne ihre Position. „Da mache ich nicht mit, und ich lasse es nicht zu, dass du dich wie ein... wie ein Dreckschwein benimmst!"

„Na gut", sagte Klaus achselzuckend. „Dann eben ohne dich. Ist mir auch recht. Ich brauche deine Unterschrift nicht." Ein hässliches Grinsen verzerrte seine Gesichtszüge. „Aber das hilft dir nichts, du Heldin. Wir werden in das Haus umziehen, ob es dir passt oder nicht." Er drehte sich um und ging Richtung Küche. „Was ist denn?", rief er über die Schulter. „Noch kein Essen fertig?"

„Du kannst nicht einfach bestimmen, dass wir umziehen!", schrie Susanne.

„O doch, ich kann, und ich werde! Du warst diejenige, die immer von mir verlangt hat, eigene Entscheidungen zu treffen – und das habe ich hiermit getan! Jetzt hör endlich auf zu schmollen und bring mir lieber was zu essen!"

Susanne folgte ihm in die Küche. „Klaus, das kannst du nicht machen!"

Sie wich erschrocken zurück, als er zu ihr herumfuhr. Seine Hand war plötzlich an ihrem Hals und drückte sie gegen den Kühlschrank. Eine Welle von Alkohol und Schweiß schlug über ihr zusammen, und sie gab ein ersticktes Geräusch von sich. Vergeblich versuchte sie mit ihren Händen den unbarmherzigen Griff zu lockern. In ihren Augen stand nackte Angst.

„Jetzt hör mal zu!" Die Stimme ihres Mannes war zu einem heiseren, scharfen Flüstern geworden, das seine drohende Haltung nur noch mehr verstärkte. „Ich habe noch ganz andere fertig gemacht, also stell du dich mir nicht in den Weg! Ich gebe dir nur diesen einen guten Rat. Gegen mich hast du keine Chance, kapiert? In diesem Haushalt bestimme allein ich, was zu tun ist. Ich bin hier der Mann, und ich hoffe..."

Weiter kam er nicht. Die kleine Nina war plötzlich in der Küche aufgetaucht. „Mami", sagte sie schüchtern. „Was tut ihr denn da?"

Klaus ließ Susanne augenblicklich los. Sie drehte sich zur Wand, griff sich an den Hals und schnappte hörbar mühsam nach Luft.

„Nichts, mein Schätzchen", sagte Klaus liebevoll, als wäre tatsächlich nichts geschehen. Er ging vor seiner Tochter in die Knie. „Wir haben uns nur über unser neues Haus unterhalten."

„Pfui, Papi, du stinkst!", stellte die Kleine empört fest. Klaus stand lachend auf. „Das stimmt, meine Süße.

152

Arbeit macht doch immer schmutzig! Ich wasche mich jetzt schnell, und dann bekomme ich einen Kuss, ja?"

Nina sah zu ihrer Mutter hoch, die sich inzwischen wieder erholt hatte. „Stimmt das, Mami? Ziehen wir wirklich um?"

Susanne versuchte zu lächeln. „Gefällt es dir denn, das neue Haus?", fragte sie traurig.

„O ja!", strahlte die Kleine. „Dort gibt es so viel Platz zum Spielen, und der große Garten... bitte, bitte, ich möchte dorthin!"

Susanne hob die Kleine auf ihre Arme und drückte sie an sich. Die Tränen liefen über ihre Wangen. „Dann werden wir dort wohnen, mein Schatz", flüsterte sie. „Wir tun schließlich alles, damit du glücklich wirst..."

11

Sie zogen um. Klaus hatte sich gegen beide Frauen durchgesetzt. Marlies hatte notgedrungen nachgegeben, als ihr angetrunkener Sohn ihr eine heftige Szene gemacht hatte. Sie merkte, dass sie immer mehr die Kontrolle über ihn verlor, wollte das aber nicht wahrhaben. Jeder Beeinflussungsversuch rief jetzt auf einmal heftige Trotzreaktionen bei ihm hervor. Alle Fürsorge und Rücksichtnahme, die Klaus sonst immer an den Tag gelegt hatte, war vollständig verschwunden.

Natürlich gab Marlies Susanne die Schuld. Nur an ihr konnte es liegen, dass der frühere Klaus Teubner nicht mehr existierte und ein neuer Mann an seine Stelle getreten war. Ohne Susanne hätten sie eine glückliche Familie sein können – Klaus, Nina und Marlies.

Nina freute sich auf ihr neues Heim, und Susanne hatte keine andere Wahl. Sie fragte nie mehr nach Walter Berger, denn sie hatte zu viel Angst, erfahren zu müssen, dass er sich womöglich etwas angetan hatte.

Klaus genoss seinen Sieg. Häufiger als sonst kam er angetrunken nach Hause. Allerdings nahm er hier, sehr zum Erstaunen seiner Ehefrau, nur noch selten ein Bier zu sich. Trotzdem kam es Susanne so vor, als würde er den Alkoholgeruch nicht mehr los. Er steckte in seinen Kleidern und verdunstete aus den Poren seiner Haut. Sie konnte sich gar nicht erklären, wie das möglich war. Trank er

154

etwa im Büro zu viel? Beim Mittagessen? Sie sprach Klaus darauf an, der natürlich in Wut geriet.

„Hältst du mich für einen Alkoholiker?", schrie er seine Frau an. „Ich habe alles unter Kontrolle, das kann ich dir versichern! Aber dein ständiges Genörgel steht mir bis hier!" Er machte eine bedeutungsvolle Geste über seinen Haarspitzen.

Aber irgendetwas stimmte nicht. Klaus wurde immer aggressiver und feindseliger. Bei jeder Gelegenheit brauste er auf und überhäufte Susanne mit Vorwürfen.

Sie wusste nicht, was sie noch tun konnte. Das war nicht mehr der Mann, den sie geheiratet hatte. Klaus war zu einem Fremden geworden, und sie suchte verzweifelt nach dem vertrauten Mann, in den sie sich einst verliebt hatte.

Nur, wenn er mit Nina spielte, war er wie verwandelt. Er vergötterte das Kind. Zu diesen Zeiten war er zärtlich und friedlich – aber nur, solange Susanne sich nicht einmischte. Die hütete sich natürlich davor, damit Nina nichts von dem Zwist ihrer Eltern zu spüren bekam. Ein Kind brauchte beide Elternteile; dafür nahm Susanne gern viele Kompromisse in Kauf. Sie besaß auch den Ehrgeiz und den festen Willen, ihre Ehe aus dieser Talfahrt herauszubringen. Sie klammerte sich mit aller Macht daran, verzweifelt uneinsichtig wollte sie nicht sehen, dass vielleicht nichts mehr zu retten war.

Ihre Kollegen hatten sie inzwischen schon darauf angesprochen. Tina, die zwar nach Paris umgezogen war, aber ihre Freundin ein- oder zweimal im Jahr in Berlin besuchte, erschrak über den fortschreitenden Verfall. Susanne war bleich und dünn geworden, sah dabei aber nicht verhärmt aus. Sie wirkte nur sehr zerbrechlich, wurde zu einer ätherischen Schönheit.

„Susanne, du bist nicht glücklich", sprach Tina sie schließlich bei einem Treffen direkt an. Sie saßen in ihrem gemeinsamen Lieblingscafé. „Ich erkenne dich überhaupt nicht mehr wieder."

„Es ist nichts", versuchte Susanne zu verharmlosen. „Ich bin lediglich ein wenig überarbeitet, das ist alles."

„Susanne, du hast dunkle Ringe unter den Augen, wirkst nervös und siehst dich dauernd um", widersprach Tina energisch. „Schlägt er dich etwa?"

Susanne antwortete nicht.

Tina ließ nicht locker. „Sag die Wahrheit! Schlägt er dich?"

„Nein! Ich weiß wirklich nicht, wie du darauf kommst!", verwahrte sich Susanne wütend. „Klaus ist manchmal ein bisschen gereizt. Aber das liegt nur daran, dass er seit vielen Jahren zu viel arbeitet. Er ist ein Workaholic..."

„Du meinst nicht zufällig ‚Alcoholic'?", hakte Tina misstrauisch nach. „Weißt du, Fälle dieser Art kenne ich inzwischen genug. In meiner Branche ist das schon beinahe an der Tagesordnung. Meistens geben sich die Frauen selbst die Schuld und wollen nach außen hin den Anschein der heilen Familie wahren."

„Ich habe mit deiner Branche nichts zu tun", sagte Susanne kühl.

„Susanne, hör endlich auf!", rief Tina. „Ich bin deine beste Freundin! Ich mache dir jetzt einen Vorschlag: Ich gehe mit dir zu einer Beratung, und dann ziehst du vorübergehend mit den Kindern in ein Frauenhaus, bis..."

„Das kommt überhaupt nicht in Frage!", lehnte Susanne wütend ab. „Wie kommst du dazu, dich derart in mein Leben einzumischen und mir Sachen zu unterstellen, die völlig haltlos sind?"

„Ich will dir helfen. Dich aus diesem Teufelskreis herausbringen", versuchte Tina die Wogen zu glätten. „Du kennst doch meine Art. Ich rede nicht lang um den heißen Brei herum."

„Trotzdem hielte ich es für besser, wenn du dich um deine eigenen Angelegenheiten kümmern würdest."

„Oh. Susanne, ich bin ein geduldiger Mensch, aber allmählich solltest du aufpassen, was du sagst."

Susanne trank ihren Kaffee aus. „Ich dachte, du wolltest mir eine tolle Neuigkeit mitteilen."

Tina rührte lustlos in ihrer Tasse herum. „Ich dachte, dir zu helfen wäre wichtiger", sagte sie leise. „Ich mache mir Vorwürfe, dich nicht längst darauf angesprochen zu haben, denn ich beobachte dich nun schon eine ganze Weile."

„Können wir nicht endlich das Thema wechseln?", fragte Susanne ärgerlich.

„Ich glaube, du bist Klaus hörig. Du kannst dieses Problem nicht allein bewältigen! Das muss dir einfach mal jemand sagen!", beharrte Tina.

„Tina, du solltest Schauspielerin werden!", erwiderte Susanne. „Du dramatisierst ohne Ende!"

Tina lehnte sich zurück. „Ich werde tatsächlich Schauspielerin", verkündete sie. „Das war meine Neuigkeit. Ich habe eine kleine Rolle in einem Film bekommen. Mein Casting ist gut angekommen, und ich glaube, ich habe das Talent dazu. Deswegen werden wir uns wohl für eine Weile nicht sehen können, denn ich bin für längere Zeit in den Staaten."

„Das ist schön für dich." Susanne wirkte immer noch leicht verärgert, deshalb zeigte sie sich nicht übermäßig begeistert.

Tina griff nach ihrer Hand. „Aber ich gehe nicht sofort, Susanne. Ich bin jetzt hier, und ich will dir helfen, solange es noch möglich ist! Leider bin ich an meinen Vertrag gebunden, aber im Moment könnte ich doch..."

„Tina, es ist überhaupt nicht notwendig, dass du dich um mich kümmerst", schmetterte Susanne sie ab. Sie entzog ihr die Hand. „Du solltest dich lieber um deine Karriere kümmern. Ich komme sehr gut zurecht. Du scheinst wohl vergessen zu haben, wie es früher war! Ich war doch diejenige, die euch immer allen geholfen hat."

„Dann könnte ich dir heute doch wenigstens etwas von meiner Schuld zurückzahlen", meinte Tina verzweifelt. „Heute bist du es, die Hilfe braucht. Du darfst dir das nicht gefallen lassen! Löse dich aus deiner emotionalen Abhängigkeit von Klaus!"

Susanne stand auf. „Ich denke, wir beenden dieses Treffen besser. Ich wollte einen schönen Nachmittag mit dir verbringen, aber leider steigerst du dich immer mehr in Hirngespinste hinein. Lass mich dir sagen, dass ich Klaus absolut nicht hörig bin. Unsere Ehe mag nicht mehr so unbeschwert sein wie zu Beginn, aber diese Erfahrung machen alle, die sich nicht bei der erstbesten Gelegenheit scheiden lassen. Aber davon verstehst du natürlich nichts." Sie wandte sich um und ging auf den Ausgang zu.

„Susanne, bitte geh jetzt nicht!", flehte Tina. „Lass uns nicht so auseinander gehen!"

„Du kannst mir ja aus Amerika schreiben", gab Susanne zurück, dann war sie draußen.

„So ist es überhaupt nicht", dachte sie wütend. „Immer wissen die anderen alles besser. Es ist überhaupt nicht so!"

Bis zu Tinas Abreise sprachen die beiden Freundinnen nicht mehr miteinander. Tina hatte zwar einmal angerufen, aber Susanne hatte gleich wieder aufgelegt. Susanne war wegen dieser Einmischung in ihr Leben immer noch wütend auf Tina, obwohl doch im Grunde alles in Ordnung war. Bei ihr war es nicht so wie bei vielen anderen, Tina hatte da völlig Unrecht. Man konnte nicht gleich bei jeder kleinen Gereiztheit auf Gewalt in der Ehe schließen. Was zwischen ihr und Klaus war, ging niemanden etwas an. Wie sollten Außenstehende denn überhaupt die ganzen Hintergründe verstehen können?

Eines Tages wurde Susanne in der Schule aus dem Kindergarten angerufen. Nina war krank. Innerhalb weniger Stunden war ein Fieber bei ihr ausgebrochen, das beängstigend anstieg. Die Fünfjährige war kaum ansprechbar, und Susanne fuhr sofort mit ihr in die Kinderklinik.

Dort wurde das Kind von oben bis unten untersucht, aber man konnte nichts feststellen.

„Möglicherweise hat sie sich im Kindergarten etwas eingefangen, das wir noch nicht finden können, bevor die Inkubationszeit abgelaufen ist", grübelte der Stationsarzt.

„Mir ist alles egal", schluchzte Susanne. „Nur retten Sie mein Kind!"

Das Fieber war immer noch weiter gestiegen. Der zarte Mädchenkörper wurde von starkem Schüttelfrost durchgerüttelt, und zudem musste die Kleine sich alle paar Minuten übergeben.

Marlies und Klaus trafen fast gleichzeitig in der Klinik ein und starrten erschrocken durch die trennende Glasscheibe in die Intensivstation, wo Nina in einem viel zu großen Bett, umgeben von vielen Schläuchen, um ihr Leben kämpfte.

Klaus wandte sich an Susanne, die sich Hilfe suchend an ihn lehnen wollte. Sie zuckte vor der wilden Wut in seinen Augen zurück, die wie eine ungebändigte Flamme loderte. „Das ist deine Schuld!", zischte er sie an, die er in dieser Situation hätte trösten sollen. „Wärst du bei ihr gewesen, wie es sich gehört, wäre das nicht passiert! Aber dir ist deine Karriere wichtiger als alles andere!"

160

Susanne wurde leichenblass. „Klaus, was... was redest du da? Du weißt ja nicht, was du sagst..."

„O doch, ich weiß es sehr genau." Seine Stimme war heiser vor Zorn. Er hob drohend den Zeigefinger. „Wenn... wenn unserem Kind etwas passiert, mache ich dich verantwortlich!"

Dann stürzte er davon.

Susanne war fassungslos. Sie konnte die Tränen nicht zurückhalten und schlug die Hände vors Gesicht.

„Da siehst du, wie weit du es hast kommen lassen", sagte Marlies kalt. „Ich stimme Klaus zu. Das ist allein deine Schuld. Von Anfang an hast du versagt, und jetzt lässt du auch noch dein Kind darunter leiden. Ich habe Klaus immer gewarnt, aber er wollte nicht auf mich hören. Hoffentlich kommt er jetzt endlich zur Vernunft."

Als Marlies gegangen war, ließ Susanne die Hände sinken. Sie sah Nina in dem Bett vor sich, so nah und doch unerreichbar durch die Glasscheibe. Die junge Frau merkte, wie ihr flau wurde. Mit einem schwachen Laut versuchte sie, sich an der Scheibe abzustützen und rutschte dann langsam an ihr hinunter.

Nina war ein robustes Kind. Sie überstand das Fieber und durfte nach einer knappen Woche bereits wieder nach Hause. Susanne hatte sich krankmelden müssen, nach ihrem Schwächeanfall hatte ihr der Arzt für mindestens eine Woche Ruhe verordnet. Klaus hatte sich zu seinem Ausbruch nicht mehr geäußert. Er war wieder in die

Arbeit gefahren und am Abend nach Hause gekommen, als sei nichts geschehen. Die beiden redeten nur das Notwendigste miteinander.

Marlies rief jeden Tag an, um sich nach Nina zu erkundigen. Mutter und Tochter taten die Tage der Entspannung gut; beide erholten sich schnell und genossen das lange Liegen im Bett bis in den Vormittag hinein. Susanne las ihrer Tochter viele Geschichten vor oder sang mit ihr.

Irgendwann hielt Susanne es im Bett nicht mehr aus und entschloss sich zu einem gründlichen Hausputz.

Sie hatte sich inzwischen notgedrungen an das neue Zuhause gewöhnt, obwohl sie das alte Haus sehr vermisste. In dem jetzigen Haus würde sie immer eine Fremde bleiben; nichts darin, abgesehen von ein paar Utensilien, gehörte ihr. Klaus hatte nicht nur das Haus, sondern auch die Möbel neu gekauft.

Trotzdem durfte sie es nicht verkommen lassen. Dazu gehörte auch, dass sie die Arbeitszimmer saugte und dort Staub wischte.

Und dabei erlebte sie eine böse Überraschung. Als sie mit dem Staubsauger hinter dem Schreibtisch herumfuhrwerkte, hörte sie plötzlich ein Geräusch, das nicht dorthin passte.

Das Klirren von Glas.

Sie schaltete den Staubsauger aus und ließ sich auf die Knie nieder. Nach einer Weile ertastete sie mehrere Flaschen. Sie ergriff eine und zog sie ans Licht.

162

Die Flasche war leer. Sie hatte eine so typische Form, dass sie auf das Etikett gar nicht erst hätte schauen müssen.

Es war Gordon's Dry Gin. Die nächste Flasche und die übernächste ebenso. Als es 13 oder 14 waren, hörte Susanne irgendwann zu zählen auf. Alle waren leer. Eine Weile saß sie wie erschlagen am Boden, umringt von den Flaschen. Dann durchstöberte sie in fieberhafter Eile das ganze Haus.

Als Klaus am Abend nach Hause kam, erwartete ihn eine Überraschung. Nicht weniger als 46 Flaschen Gin waren fein säuberlich in der Diele und auf der Treppe zur ersten Etage aufgereiht.

Mitten in der Diele stand Susanne mit verschränkten Armen. „Und jetzt", sagte sie ruhig, „sag mir ins Gesicht, dass du kein Alkoholiker bist."

„Bist du jetzt vollkommen durchgedreht?", schnaubte Klaus. „Was ist mit Nina?"

„Mach dir da mal keine Gedanken", entgegnete Susanne ungerührt. „Nina ist bei Marlies. Sie hatte Sehnsucht nach ihrer Oma, wie diese nach ihr, und das passte sehr gut."

Als er langsam auf sie zuging, wich sie bis zu den Flaschen zurück, bückte sich und hob eine auf. „Komm mir nicht noch einmal zu nahe!", rief sie. „Du bist ein Alkoholiker, und das ist auch der Grund für deine Veränderung! Siehst du es jetzt endlich ein?"

„Ist das als Schocktherapie gedacht?", gab er höhnisch zurück. „Da täuschst du dich aber. Ich habe alles unter Kontrolle."

„Dann hast du deinen Verstand bereits versoffen, Klaus! Sieh dich doch um", bat Susanne eindringlich. „Das sind nur die Flaschen, die ich gefunden habe. Wie viele sind es denn in Wirklichkeit? Seit wann trinkst du heimlich?"

„Seit wann schnüffelst du mir hinterher?", brüllte er. „Warum kannst du mich nicht endlich in Ruhe lassen? Du versuchst ständig, über mein ganzes Leben zu bestimmen..."

„Nicht ich", unterbrach Susanne, „sondern deine Mutter!"

„Ja, natürlich", zischte er. „Wieder meine Mutter! Immer ist es meine Mutter! Soll ich dir was sagen? Sie hat Recht gehabt, die ganze Zeit über. Sie hat von Anfang an gewusst, dass es zwischen uns nicht gut gehen kann, weil du immer alles auf andere abwälzt."

„Aber sie ist es doch, die dir ständig Vorschriften macht!", verteidigte sich Susanne. „Von Anfang an hat sie sich zwischen uns gedrängt, Klaus! Aber so können wir nicht mehr weitermachen!"

„Nein, das können wir wirklich nicht", stimmte er ihr zu. „Und den Anfang habe ich bereits damit gemacht, dass ich dieses Haus gekauft habe, ohne dass ihr beide etwas damit zu tun hattet!"

„Aber denkst du denn gar nicht mehr daran, wie du an das Haus gekommen bist?", fragte Susanne leise. „Du hast eine Familie zerstört und deinen ehemaligen Arbeitskollegen betrogen. Mit Lug und Trug bist du nach oben gekommen."

„Ja, glaubst du denn, das geht mit Ehrlichkeit und Fleiß? Wie naiv bist du eigentlich?", hielt Klaus ihr böse entgegen. „Denkst du, eine Karriere hat keinen Preis? Jahrelang habe ich eure Wünsche befolgt, und jetzt wollt ihr die schmutzige Kehrseite der Medaille nicht sehen?"

„Klaus, ich habe dich nie zu der Karriere gezwungen..."

„Hör doch auf mit dieser Scheiße!", schrie er. „Du wolltest, dass ich mein Leben in die Hand nehme – nun habe ich es getan!"

„Aber doch nicht so!", gab sie zurück. „Ich wollte, dass du endlich aufhörst, am Rockzipfel deiner Mutter zu hängen! Ich kam mir immer wie ein fünftes Rad am Wagen vor!"

„Dafür hast du dich aber immer reichlich genug in alles eingemischt, und nun spielst du nicht nur Mutter Teresa, sondern schnüffelst mir auch noch hinterher!" Klaus ging zum Telefon in der Diele und hob den Hörer ab. „Was ist? Willst du meine Vorgesetzten nicht anrufen und ihnen alles petzen?"

„Klaus..."

„Ja, gut, wenn du es unbedingt wissen willst: Ich trinke viel. Um nicht zu sagen, ich saufe! Und soll ich dir noch was sagen? 90 Prozent meiner Kollegen tun dasselbe! Und wir amüsieren uns prächtig dabei! Es lässt einem die Dinge in einem viel angenehmeren Licht erscheinen!"

165

„Verdammt noch mal, hör endlich mit deinem Selbstmitleid auf!" Allmählich geriet die sanfte Susanne in Zorn. „Ich habe es satt, immer dein Gewinsel zu hören! Wenn du in deinem Job unglücklich bist, warum zum Teufel machst du ihn dann?"

„Weil ihr es so wolltet!"

„Schwachsinn!"

„O nein." Klaus zog seinen Mantel aus und warf ihn zu Boden. „Sieh her, was ihr aus mir gemacht habt! Das Ergebnis gefällt dir nicht? Das ist dein Pech. Du schiebst immer alles auf meine Mutter, und sie weint sich dafür bei mir aus! Meinst du, es ist leicht für mich, zwischen euch zu stehen? Jede von euch hat ein Idealbild von mir, dem ich entsprechen soll. Aber siehst du denn nicht, dass ich das nicht sein kann?"

„Du kannst mir nicht vorwerfen, dass ich dir keine Wahl gelassen habe! Ich wollte lediglich den Mann zurück haben, den ich damals geheiratet habe!"

„Dieser Mann war 21 Jahre alt und hatte keine Ahnung von der Welt. Du siehst doch alles nur mit deinen intellektuellen Augen, aber niemals die Wirklichkeit dahinter! Ich hatte keine andere Chance, und weil es mich ankotzte, fing ich an zu trinken. Dann fühlte ich mich wesentlich besser, und mir ging alles leichter von der Hand. Und nun, Frau Lehrerin? Bekomme ich jetzt einen Tadel von dir? Oder weiteren Liebesentzug, wie seit unserem Umzug?"

„Das ist unfair!"

„Du glaubst doch wohl nicht im Ernst, dass ich mich wie ein Mönch verhalte, nur weil du hysterisch bist? Eine scheinheilige Jungfrau bist du geworden! Aber ich bin ein Mann, und wenn du mich nicht mehr ranlässt, muss ich es mir eben woanders holen!"

Susanne schluckte. „Was... was willst du damit sagen?"

„Dass ich mir woanders hole, was ich von dir nicht bekomme!", warf er ihr höhnisch hin. „Und weiß Gott, ich habe sogar noch ein richtiges Vergnügen dabei! Mehr, als ich mit dir je hatte!"

Susanne kämpfte mit den Tränen. „Du merkst doch gar nicht, wie abstoßend du bist! Der Alkohol tritt dir aus allen Poren – und ich bin schuld, dass ich es nicht früher entdeckt habe. Entdecken wollte! Ich konnte einfach nicht glauben, dass du ein Säufer bist, der rücksichtslos über Leichen geht, um ans Ziel zu kommen!"

„Und du bist selbstgerecht!", warf er ihr brüllend vor. „Du gehst mir auf die Nerven!"

Susannes Stimme überschlug sich: „Das hier sollte dir auf die Nerven gehen!" Sie zeigte auf die lange Reihe von Flaschen.

Klaus hatte genug. Er stürmte auf die Flaschen zu, räumte sie mit Händen und Füßen ab, stieß sie von der Treppe herunter und schleuderte sie durch die Diele. Es klirrte und schepperte, als die Flaschen über den Boden schlitterten, zusammenprallten oder an den Wänden zerbrachen. Klaus war in seinem Zorn nicht mehr zu bremsen, er wütete und tobte wie ein Berserker.

Susanne stand inmitten des Chaos und hatte keine Chance zu flüchten. Sie wich den umherfliegenden Flaschen aus, duckte sich zusammen und versuchte verzweifelt, zur Haustür zu kommen. Plötzlich stieß sie einen schrillen Schrei aus. Sie war von einer Flasche am Hinterkopf getroffen worden und stürzte zu Boden. Dabei kam sie mit der linken Hand in einen Scherbenhaufen und schrie ein zweites Mal auf, als die scharfen Kanten tief in ihr Fleisch schnitten. Stöhnend blieb sie liegen. Abrupt kehrte Stille ein.

Klaus stand einen Moment wie gelähmt, dann war er mit einem Satz bei seiner Frau und kniete vor ihr nieder.

„Susanne", flüsterte er, heiser vor Schreck. „Susanne, was ist passiert? Sag doch was!"

Susanne war halb betäubt vor Schmerz, ihr Schädel brummte, und ihre Hand brannte wie Feuer. Sie stöhnte nur leise, ohne sich zu rühren. Sie ächzte, als Klaus sie hochzog. Ihr Kopf sank an seine Brust, ihre Augen waren geschlossen.

„O Gott", schluchzte Klaus auf. „Susanne, das hab ich nicht gewollt... Lieber Gott, sag doch endlich was... bitte!" Er streichelte ihren Kopf. Beide waren von dem Blut, das aus ihrer Hand rann, bereits völlig verschmiert.

„Klaus...", ächzte Susanne.

„Susanne, Gott sei Dank, du bist wieder da! Kannst du einen Moment warten, ich rufe schnell einen Notarzt..."

Sie klammerte sich mit der unverletzten Hand an ihn. „Keinen... Arzt", flüsterte sie mühsam. „Es geht schon..."

„Aber dein Kopf... die Hand..."

„Mir fehlt nichts..."

Jetzt brach Klaus völlig zusammen. Sein ganzer Körper bebte, als er wie ein Kind zu weinen begann. „Susanne, verzeih mir... verzeih mir bitte, ich wollte dir nicht wehtun... Ich könnte dir doch niemals was antun... ohne dich kann ich nicht leben...", schluchzte er verzweifelt.

„Warum dann...", hauchte Susanne, die allmählich wieder zu sich kam. Sie öffnete die schmerzverschleierten Augen und sah ihn an.

„Ich weiß es nicht, ich weiß es wirklich nicht", stieß Klaus unter Tränen hervor. „Ich bin völlig verrückt geworden... ich... Aber jetzt wird alles anders, ich schwöre es dir! Wir fangen neu an, ich höre auf zu trinken, und ich werde mich bessern. Es ist doch noch nicht zu spät, nicht wahr? Bitte sag, dass du mir noch eine Chance gibst!"

Susannes Augen füllten sich mit Tränen. „Ich möchte es so gern... aber das schaffen wir nicht allein..."

„Ich mache alles, was du willst", versprach er. „Wir gehen zu einer Eheberatung. Ich nehme mir Urlaub, bis du dich erholt hast, und dann fahren wir einfach weg! Wir stehen das durch, Susanne. Ich schwöre es dir, ich gebe dir einen schriftlichen Vertrag, was auch immer du willst... aber bitte, lass uns neu beginnen! Wir haben noch so viel Zeit vor uns..."

Nachdem Susanne sich wieder einigermaßen erholt hatte, fuhren sie in die Unfallklinik, denn die Hand musste unbedingt genäht werden. Sie hatte sich nur eine leichte

Gehirnerschütterung zugezogen und durfte nach der Behandlung gleich wieder nach Hause. Die Lügengeschichte, sie sei mit einer Flasche in der Hand die Treppe hinuntergefallen, wurde ihnen problemlos abgekauft.

Klaus brachte sie nach oben ins Schlafzimmer und zwang sie sich hinzulegen. Dann beseitigte er alle Spuren seines Ausbruchs und holte anschließend Nina ab.

Zwei Tage später fuhren sie in Urlaub. Susanne war weiterhin krankgeschrieben, und da sie wirklich schlecht aussah, hatte das Direktorium keine Einwände, dass sie für zwei Wochen mit ihrem Mann und der gerade genesenen Tochter in den Süden flog.

Klaus hörte von heute auf morgen das Trinken auf. Er überstand den Urlaub ohne Probleme; anscheinend war seine Krankheit noch nicht so weit fortgeschritten, dass er unter starken Entzugsbeschwerden leiden musste.

Es war der erste Urlaub, den sie gemeinsam machten. Und bildete tatsächlich die beste Gelegenheit für einen Neuanfang. Klaus umsorgte seine Frau, kümmerte sich zärtlich um Nina und gab sich redliche Mühe.

„Weißt du", sagte er eines Abends, als sie vom Balkon ihres Zimmers aus den Sternenhimmel betrachteten, „manchmal hatte ich es total satt. Ich wollte mich am liebsten zurückziehen und mit dir ein bescheidenes, zufriedenes Leben führen. Mit finanziellen Einschränkungen zwar, aber ohne den ständigen Druck."

„Das kannst du doch immer noch tun", meinte Susanne. „Verkaufen wir doch das Haus und ziehen in ein kleineres um. Wir brauchen nicht einmal in Berlin zu bleiben."

„Ach, ich weiß nicht."

„Was weißt du nicht?"

„Manchmal... hat man keine Wahl."

„Unsinn. Du hast Zeit genug, dich zu entscheiden. Aber besser jetzt als später. Dann bringst du vielleicht nicht mehr den Mut auf."

Die beiden kamen sich endlich wieder näher. Bald nach ihrer Rückkehr wurde Susanne erneut schwanger.

Das war das letzte Zeichen, dass der Neubeginn unter einem guten Stern stand. Die Freude auf das zweite Kind war groß.

Kurz, nachdem Nina eingeschult worden war, kam Martin zur Welt. Wie die meisten Jungs ließ er sich Zeit damit, und er war auch nicht so problemlos wie Nina. Er vertrug keine Milch, schlief nachts nie durch, aß wenig.

Er blieb ein zartes, wenig robustes Kind, anfällig für Erkältungen, übersensibel. Nina liebte ihren kleinen Bruder über alles und schleppte ihn fast die ganze Zeit mit sich herum.

12

Der alte Streit begann, als Susanne wieder unterrichten wollte. Diesmal ließ sie Marlies nicht an die Kinder heran und stellte ein Kindermädchen ein. Nachdem Klaus seinen kurzen melancholischen Anfall vergessen hatte und sich wieder voll und ganz seiner Arbeit widmete, es nicht einmal mehr für notwendig hielt, zur Eheberatung zu gehen, hielt sie es für angemessen, jemanden fürs Haus einzustellen, bis Martin drei Jahre alt sein würde.

Doch diese Rechnung hatte sie ohne Klaus gemacht. Er warf die junge Frau sofort wieder hinaus und stellte klar, dass niemand außer der Familie sich um die Kinder zu kümmern hatte. „Es ist deine Aufgabe!", warf er Susanne vor. „Warte wenigstens mit dem Unterrichten, bis Martin in den Vorkindergarten gehen kann!"

Susanne fand einen Kompromiss: Sie unterrichtete nur Basteln und Singen und durfte Martin während dieser Zeit sogar mitnehmen. Manchmal war er im Unterricht mit dabei, manchmal schlief er im Lehrerzimmer.

So dauerte es nicht lange, bis Klaus wieder damit anfing, jeden Tag später nach Hause zu kommen.

Als er das erste Mal wieder nach Alkohol roch, gab es eine schreckliche Szene, die damit endete, dass Klaus Susanne eine Ohrfeige gab, die sie umwarf. Die beiden Kinder waren von dem Lärm wach geworden und riefen weinend nach ihrer Mutter. Susanne wischte sich das Blut von der Lippe und stieg mit zitternden Beinen die Treppe hinauf. Zur Beruhigung für sie alle drei sang sie mit den Kindern ihre ganz spezielle Lieblingsmelodie.

Als sie wieder eingeschlafen waren, ging Susanne zum Bad, wo sie von dem immer noch betrunkenen Klaus aufgehalten wurde.

„Lass es dir ja nicht einfallen abzuhauen", zischte er sie an. „Wir sind eine Familie, und wir gehören zusammen. Ich werde dich überall finden, egal wohin du gehst. Denk an die Kinder, bevor du etwas Unüberlegtes tust."

„Du hattest uns einen neuen Anfang versprochen", flüsterte Susanne verzweifelt.

„Du hast alles wieder zunichte gemacht", schnappte er. „Du ganz allein. Ich habe zumindest versucht mich zu ändern, du aber nicht. Du dachtest wohl, du könntest so weitermachen wie bisher, was? Weshalb verlangst du dann von mir, dass ich mich ändere?"

„Klaus, bitte", flehte sie. „Wir machen uns kaputt! Ich gebe ja nach. Ich werde aufhören zu arbeiten, bis die Kinder älter sind. Ich bleibe zu Hause. Wirst du dann zu trinken aufhören?"

Er schien zu überlegen, falls das in seinem Zustand überhaupt noch möglich war. „Gut", sagte er schließlich. „Aber dafür bekomme ich eine kleine Gegenleistung von dir."

Ihre Augen weiteten sich, als er sie packte und an sich zog. Ein lüsternes, schmieriges Grinsen verzerrte sein Gesicht zu einer hässlichen Fratze. „Du wirst in Zukunft ein bisschen netter zu mir sein", höhnte er. „Du wirst mir

173

das Bettchen schön richten und dich wie eine anständige, liebende Ehefrau verhalten, wie es sich gehört. Und versuch nicht, Kopfschmerzen vorzutäuschen, Süße, klar? Ich werd's dir jederzeit besorgen, ob mit oder ohne deinem Willen. Und wag's ja nicht, dich bei irgendwem zu beklagen... das würdest du nämlich bitter bereuen."

Susanne spürte, wie sich ihr der Magen umdrehte, als er anfing, sie grob zu betatschen und auszuziehen. Sie zitterte vor Ekel, aber aus Angst um die Kinder wehrte sie sich nicht.

Susanne war am Boden zerstört. Doch sie weigerte sich weiterhin, sich einzugestehen, dass ihre Ehe gescheitert war. Sie brachte den Mut nicht auf, mit ihren Kindern zusammen zu gehen. Denn das Schlimmste war, wenn Klaus nicht betrunken war, war er der liebevollste Vater, den man sich überhaupt vorstellen konnte. Er erhob seine Hand auch nie gegen die Kinder, nur gegen Susanne. Sie wusste, dass er sich damit abreagierte und nahm es hin, weil er dann zumindest für eine Weile friedlicher und ansprechbarer war. Die Kinder liebten ihren Vater, und Susanne achtete ängstlich darauf, dass sie kaum etwas von ihren eigenen Sorgen mitbekamen.

Wenn Klaus betrunken war, kam er ohnehin oft erst so spät nach Hause, dass sie meist schon längst im Bett waren.

Susanne redete mit niemandem darüber. Sie schämte sich für ihr Versagen und konnte weder sich noch der

Öffentlichkeit gegenüber die „Schande" eingestehen, dass in einer „ganz normalen" mittelständischen Familie wie ihrer, mit geordneten finanziellen Verhältnissen, guter Ausbildung und guten Positionen, Zustände wie bei Asozialen herrschten. Und immer noch gab sie sich der Illusion hin, dass es im Grunde gar nicht so schlimm war und wieder „hingebogen" werden konnte.

Denn manchmal... war Klaus auch ganz anders, selbst ihr gegenüber. Manchmal war es wieder wie in den alten Zeiten. Doch dann geschah immer irgendetwas, das Klaus einen willkommenen Anlass zu ausschweifenden Alkohol-exzessen gab.

Marlies hat einfach Recht, dachte Susanne manchmal. Ich habe versagt. Es ist alles meine Schuld.

Zu Selbstbeschuldigungen kam es bei Klaus allerdings nicht mehr. Er hatte sich mit seinem besten Freund, dem Alkohol, inzwischen sehr gut arrangiert und sich zu einem berechnenden, gefühllosen Zyniker entwickelt. Ohne mit der Wimper zu zucken, kündigte er Hypothe-ken, wenn auch nur eine Rate nicht bezahlt wurde, ruinierte Firmen und warf Familien auf die Straße. Die Bank machte einen besseren Profit denn je, und die Inves-titionen, die Klaus in den neuen Bundesländern betrie-ben hatte, brachten reichen Gewinn.

Da Susanne ohnehin den halben Tag allein war und ihr Kompromiss absolut nichts eingebracht hatte, meldete sie sich wieder zum Unterricht an der Grundschule an. Auch ihre ehrenamtliche Arbeit im Verein zum Schutz missbrauchter Kinder nahm sie wieder auf, und ganz allmählich fand sie so ins Leben zurück. Irgendwie schaffte sie es, sich mit allem zu arrangieren. Sie sprach auch weiterhin mit niemandem über ihre ehelichen Probleme und leugnete sie sogar noch vor sich selbst, auch dann, wenn sie wieder einmal heftig aus der Nase blutete.

Klaus hatte sie in ein fatales Abhängigkeitsverhältnis getrieben, aus dem es keinen Ausweg mehr zu geben schien. Sie hatte sich zu einer regelrechten Koalkoholikerin entwickelt, die nicht mehr in der Lage war, sich aus diesem Teufelskreis zu befreien.

Nina wuchs zu einem hübschen Mädchen mit langen blonden Haaren heran, das wie seine Mutter sanftmütig war und nachdenklich wirkte. Auch ihr Bruder Martin war ein stilles, verträumtes Kind, dessen dunkler Lockenkopf immer ungekämmt aussah. Beide liebten ihren Vater und wussten nicht, was mit ihm passierte. Und Susanne liebte Klaus immer noch, sie konnte die Hoffnung einfach nicht aufgeben, dass es zwischen ihnen eines Tages wieder besser werden würde. Klaus war nicht von Anfang an so gewesen, also musste noch ein guter Kern in ihm stecken. Ihr war klar, dass er im Grunde nur todunglücklich war und seinen Selbsthass auf seine Umgebung projizierte. Irgendwie, mit viel Geduld und Güte, musste sie diesen guten Kern in ihm finden und zurück an die Oberfläche holen. Es war ihr einmal gelungen, und es musste ihr auch ein zweites Mal gelingen.

Marlies erfuhr von diesen Dingen natürlich nichts. Sie wunderte sich nur über die Veränderung ihres Sohnes, akzeptierte sie aber genauso wenig wie Susanne und verleugnete sie eher sogar noch mehr. Sie war überaus stolz auf ihren erfolgreichen Sohn, der eine so große Karriere gemacht hatte und noch weiter die Leiter hinaufsteigen konnte, denn er war ja erst Anfang dreißig. Marlies kümmerte es nicht, unter welchen Umständen Klaus seine Position erlangt hatte und zu halten versuchte; für sie zählte einzig und allein das Ergebnis. Damit waren ein hoher gesellschaftlicher Stand und Ansehen verbunden. Es war daher sehr wichtig für sie, dass kein Außenstehender von irgendwelchen „Problemen" erfuhr, um den guten Namen der Familie nicht in Misskredit zu bringen. Anderen gegenüber betonte Marlies außerdem, dass Klaus ihr alles verdankte, weil sie ihm schließlich alles gegeben hatte.

Sechs Jahre lang durchlebte das Ehepaar Teubner die Hölle. Klaus, ständig überarbeitet, überfordert und unzufrieden, trank und reagierte sich an Susanne ab. Susanne nahm alles mit unendlicher Geduld hin, war weiterhin fürsorglich, ließ sich jedoch von ihrem Weg nicht mehr abbringen. Als sie einmal nachgegeben hatte, hatte es nichts gebracht. Nun musste sie auf ihre Weise weiterkämpfen.

Sechs Jahre lang glaubte Susanne, dass es nur besser werden könne.

Sie hatte sich geirrt.

Zuerst merkte sie nichts. Der Alltag blieb, wie er war, die Routine ebenso. Klaus ging zur Arbeit und kam abends heim, verlangte sein Essen, setzte sich dann entweder vor den Fernseher und leerte eine halbe Flasche Gin oder ging zu Bett. Manchmal beschäftigte er sich auch mit den Kindern. Das war der einzige Zeitpunkt, wo er ausnahmsweise einmal nicht trank, sich vorher den Mund ausspülte und mindestens drei scharfe Atemfrisch-Bonbons lutschte, damit sie nichts merkten oder sich beschwerten. Ansonsten hatte er zu Hause keine Probleme mehr mit seiner täglichen Trinkerei.

Das Einzige, was Susanne auffiel, war, dass er sein Arbeitszimmer nur noch sehr selten betrat. Aber sie dachte sich weiter nichts dabei.

Eines Tages hatte sie den spontanen Einfall, bei ihrem Mann in der Bank vorbeizuschauen und mit ihm zum Mittagessen zu gehen. Sie hatte heute früher aus, und sicher würde ihnen die Unterbrechung der Routine einmal gut tun. Nina hatte noch Schule, und der Erstklässler Martin war auf einem Ausflug und würde erst am Abend wieder zurück sein. Vielleicht konnten sie danach sogar noch einen gemeinsamen Spaziergang machen – das hieß, wenn seine Termine es zuließen...

Froh gelaunt und sorgfältig hergerichtet stand sie schließlich vor dem Pförtner des mächtigen Verwaltungsgebäudes.

„Mein Name ist Susanne Teubner", stellte sie sich vor. „Ich möchte gern zu meinem Mann."

„Wissen Sie zufällig die Durchwahl auswendig?", fragte der Pförtner.

„Nein, tut mir Leid, ich rufe ihn so gut wie nie an. Er wünscht das nicht, und Gott sei Dank gibt es nicht allzu oft Notfälle", erklärte sie.

„Na gut, ich kann ja in der Liste nachschauen." Der Mann blätterte eine Weile in seiner Liste und hob dann die Schultern. „Bedaure, aber einen Klaus Teubner kann ich leider nicht finden."

„Was?", entfuhr es Susanne. „Das kann doch nicht sein. Er arbeitet oben im achten Stock, in der ZD-3."

„Einen Moment, ich rufe das Sekretariat dort oben an." Der Mann sprach eine Weile in den Telefonhörer, dann sagte er zu Susanne: „Sie sollen raufkommen. Augenblick, ich gebe Ihnen noch einen Besucherausweis."

Susanne ließ sich den Weg beschreiben. Aus dem Sekretariat vor den Büros der ZD-3 kam ihr eine Frau mittleren Alters entgegen. „Ja, Frau Teubner", rief sie überrascht, „was suchen Sie denn hier?"

Susanne war jetzt wirklich verunsichert. „Wieso? Ich... ich will doch nur meinen Mann besuchen. Ist das etwa verboten?"

„Nein, selbstverständlich nicht... bitte, nehmen Sie doch einen Moment hier Platz."

Sie führte Susanne zu einem Wartebereich mit angenehm duftenden, teuren schwarzen Ledermöbeln. Mit gemischten Gefühlen ließ Susanne sich nieder; sie konnte sich nicht erklären, was sie falsch gemacht haben sollte.

Nach einer Weile erschien ein großer, grauhaariger Mann in einem teuren Maßanzug. „Guten Tag, Frau Teubner", begrüßte er sie höflich und streckte ihr die Hand entgegen. „Bitte, bleiben Sie doch sitzen."

Susanne klammerte sich nervös an ihre Handtasche. „Entschuldigen Sie bitte, dass ich hier einfach so unangemeldet vorbeikomme. Wenn ich störe, gehe ich natürlich sofort wieder..."

„Aber nein, bitte, Sie stören ganz und gar nicht." Der Mann, der sich als Günter Gerbold, Leitender Direktor der ZD-3 vorgestellt hatte, setzte sich ihr gegenüber. „Es handelt sich um etwas ganz anderes... Offen gestanden, ist die Sache ein wenig unangenehm."

„Ich... ich verstehe nicht..."

„Ihr Mann hat es Ihnen also noch gar nicht gesagt?"

Susanne schlug das Herz bis zum Hals. „Was hat er mir nicht gesagt?" Beinahe wäre ihre Stimme entgleist.

„Es tut mir sehr Leid, Frau Teubner, dass Sie es so erfahren müssen. Aber Ihr Mann... Klaus Teubner... arbeitet bereits seit einem halben Jahr nicht mehr bei uns."

Susanne hatte das Gefühl, daß ihr der Boden unter den Füßen weggezogen wurde. „Was?", hauchte sie völlig entgeistert.

„Ja... eine unangenehme Sache, Sie verstehen." Gerbold faltete die Hände zusammen. „Es hängt mit dem Osten zusammen, mit einer zu Unrecht erworbenen Subvention... ein nicht ganz legales Geschäft mit einem unserer Großkunden. Leider drohte unserem Kunden die Steuer-

180

fahndung. Doch Gott sei Dank haben wir alles rechtzeitig aufdecken und den Schaden begrenzen können."

Susanne merkte, wie ihre Welt nach und nach auseinander bröckelte. „Sie müssen sich irren", wisperte sie hilflos. „Es geht doch jeden Monat Geld auf dem Konto ein, und Klaus verlässt jeden Morgen pünktlich das Haus..."

„Nun, das ist eben ein Teil der Schadensbegrenzung", erklärte Gerbold. „Wissen Sie, wir können uns eine schlechte Presse nicht leisten. Gerade jetzt nicht, da bereits einige windige Geschäfte mit dem Osten aufgedeckt worden sind. Wir haben Ihren Mann daher bis zum Jahresende freigestellt und bezahlen ihm sein Geld weiter. Er ist noch mal glimpflich davon gekommen, denn normalerweise wäre eine Strafanzeige fällig gewesen, aber...", Gerbold lächelte fast süffisant, „wir wissen ja beide, dass die Geschäfte einer Bank nie ganz astrein sind... Aber das muss natürlich unter uns bleiben, Sie verstehen."

„Ich verstehe überhaupt nichts mehr..." Susanne hörte ihre eigene Stimme wie aus weiter Ferne.

„Ihr Mann wird daher keine Klage gegen uns anstreben, noch dazu, da dann sein... anderes Problem bekannt würde", fuhr der Leitende Direktor fort.

Susanne sah ihn rasch an, schwieg jedoch.

„Wir haben jahrelang toleriert, dass er Alkoholiker war, weil er uns sehr gute Dienste geleistet hat", sagte Gerbold. „Außerdem war ihm seine Krankheit kaum anzumerken, und Kunden gegenüber hat er sich stets einwandfrei benommen. Ich bin sicher, dass keiner von ihnen etwas

181

mitbekommen hat. Umso bedauerlicher ist es natürlich, dass er auf einmal den Hals nicht mehr voll genug bekommen konnte. Er hat den guten Ruf unseres Hauses in Gefahr gebracht, daher gab es für uns keine andere Lösung." Er stand auf, und Susanne schaffte es wie durch ein Wunder, sich ebenfalls zu erheben.

„Wie gesagt, ich bedaure das sehr. Viel lieber hätte ich Sie unter erfreulicheren Umständen kennen gelernt, aber dazu ist es früher leider nie gekommen." Er streckte Susanne die Hand zum Abschied hin. „Ich wünsche Ihnen alles Gute, Frau Teubner. Auf Wiedersehen."

Wie Susanne dann auf die Straße gekommen war, wusste sie nicht mehr. Wie in Trance lief sie durch die Innenstadt und versuchte, Klarheit in ihre Gedanken zu bringen.

Doch in ihr herrschte nur ein wirres Chaos. Die vergangenen 14 Jahre rasten wie Geisterstürme durch ihren gequälten Verstand und peitschten ihr die Wahrheit ins Gesicht.

Endlich erkannte Susanne, wie sehr sie sich geirrt hatte, als sie glaubte, ihre Probleme allein bewältigen zu können. Sie hatte ihre beste Freundin zurückgestoßen, als diese ihr helfen wollte. Von anderen Freunden und ihren Kollegen hatte sie sich zusehends, je schlimmer es mit ihrem Mann geworden war, distanziert und es damit begründet, dass es viel zu tun gab und die kostbare Zeit für die Familie bleiben sollte. Sie hatte die ganzen Jahre über die Probleme verharmlost und die Augen vor der

Wirklichkeit verschlossen. Nur, um den Kindern eine Welt zu erhalten, die es schon lange nicht mehr gab.

Sie wusste nicht, was schlimmer war – ihre ständigen Selbstlügen oder die Lügen von Klaus. Zuerst der versteckte Alkoholismus, und nun die Arbeitslosigkeit...

Sie sollte sich eingestehen, dass ihre Ehe nicht mehr zu retten war. Der frühere Klaus, nach dem sie verzweifelt suchte, existierte nicht mehr. War ausgelöscht durch den Alkohol, durch den Selbsthass. Nicht einmal die Kinder hatten ihn mehr zur Besinnung bringen können.

Trotzdem – es musste noch einen Weg geben! Er war gerade mal Mitte 30, ihm stand doch noch die ganze Welt offen! Warum hatte er sich jetzt endgültig aufgegeben? Auch, wenn er etwas Illegales getan hatte, hätte der Rauswurf aus der Bank eigentlich nicht gelegener kommen können. Sein Gehalt kam noch bis Ende des Jahres, das Haus war fast abbezahlt, sie hatten Geld auf der Seite. Sie selbst verdiente inzwischen ja auch nicht schlecht.

Warum, zum Teufel noch mal, hatte er ihr die Wahrheit verschwiegen? Warum tat er immer noch so, als ginge er in seinen verhassten Job? Jetzt endlich war die Gelegenheit gekommen, sich für ein stressfreieres Leben zu entscheiden, sich einen Job mit bescheideneren Ambitionen zu suchen und endlich zur Ruhe zu kommen!

Vielleicht war es sogar ein Hilferuf gewesen? Vielleicht wollte er so endlich eine Entscheidung herbeizuführen? Vielleicht schaffte er es wirklich nicht mehr allein, weil er sich in demselben Teufelskreis befand wie sie?

Immer noch verteidigte sie ihn. Immer noch war sie auf ihre gemeinsame Partnerschaft fixiert. Doch Susanne sah darin die letzte Chance. Wenn sie jetzt den Hebel richtig ansetzte, konnte sie ihren Mann möglicherweise zur Besinnung zu bringen. Wenn nicht jetzt – dann nie mehr...

Nach vielen Stunden erst fand Susanne den Weg nach Hause. Sie war lange ziellos durch die Straßen geirrt, hatte gegrübelt und gegrübelt und sich seelisch wie körperlich im Kreis gedreht. Irgendwann begriff sie, dass es nur noch zwei Möglichkeiten gab. Entweder sie packte sofort die Koffer und nahm die Kinder mit, oder sie stellte Klaus zur Rede.

Und sie wusste, dass sie die Koffer nicht packen würde. Die Kinder brauchten ihren Vater, sie durften unter keinen Umständen einen seelischen Schaden davontragen. Susanne musste es irgendwie so hinbiegen, dass sie auch diesmal nichts mitbekamen.

Obwohl das gar nicht so leicht sein würde. Nina war inzwischen 12, ein intelligentes, wenn auch viel zu stilles Mädchen. Sie schien aber nicht unglücklich zu sein... Susanne hatte sie ein paar Mal vorsichtig ausgehorcht, doch Nina wirkte nicht verstört, vielleicht eher ein wenig verschlossen. Aber das war nur natürlich, schließlich kam sie in die Pubertät und wechselte von der Welt eines Kindes in die einer Frau. Eine äußerst schwierige Phase!

Martin war noch klein, gerade sechs Jahre alt, und lernte die Welt gerade erst durch die Schule kennen. Er brauchte beide Eltern noch mehr als Nina, denn er war sehr sensibel und benötigte viel Liebe und Aufmerksamkeit.

Gerade deswegen musste sie jetzt mehr Stärke denn je zeigen. Sie musste Klaus zur Vernunft bringen, egal wie. Natürlich nicht gerade dann, wenn er betrunken war. Am besten passte sie ihn morgen früh ab, wenn die Kinder schon unterwegs zur Schule waren. Dann war er nüchtern, und sie würde ihn ganz ruhig fragen, wohin er denn gehen wolle. Und wenn er wütend werden sollte, würde sie weiterhin ruhig bleiben und ihm zu verstehen geben, dass sie ihn deswegen nicht verurteilte. Sondern darin einen Weg sah, den letzten Anlauf für einen Neubeginn zu nehmen.

Ja, das war gut! Sie musste sich jetzt nur zusammennehmen, aber irgendwie würde sie das schon schaffen. Sie durfte sich jedenfalls weder provozieren lassen, noch Klaus ihrerseits reizen.

Susanne atmete mehrmals tief durch, bevor sie die Haustür öffnete. Sie war jetzt wieder ruhiger und gelassener. Nachdem sie einen Entschluss gefasst hatte, fühlte sie sich viel besser. Ihre Welt war ins Wanken geraten, aber sie lag nicht vollends in Scherben.

13

Im Haus rührte sich nichts. An der Garderobe in der Diele entdeckte sie Ninas Schulsachen – und den Mantel ihres Mannes. Er war also ausnahmsweise zeitiger nach Hause gekommen. Vielleicht bot sich die Gelegenheit für ein Gespräch doch früher als gedacht!

In Küche und Wohnzimmer war niemand, das wunderte Susanne. Vielleicht war Nina in ihrem Zimmer und Klaus im Keller. Dann brauchte sie auch nicht zu rufen, denn keiner der beiden würde sie hören können.

„Zuerst werde ich nach Nina sehen", dachte Susanne.

Langsam ging sie die Treppe hinauf und stutzte, weil sie aus dem Bad Geräusche hörte. Das Plätschern von Wasser – und zwei Stimmen. Sie konnte nicht genau erkennen, wem diese Stimmen gehörten. Die eine, eindeutig weiblich, war nur sehr kurz zu hören gewesen. Die männliche Stimme war auch zu undeutlich, weil sie von den Nebengeräuschen des Wassers verfälscht wurde.

„Das ist doch die Höhe!", dachte Susanne empört und ihr sorgfältig konstruiertes Kartenhaus fiel in sich zusammen. Hatte er etwa eine Geliebte? Wohin hätte er im letzten halben Jahr tagsüber auch sonst gehen sollen? Und jetzt bringt er die auch noch mit, um mich noch mehr zu demütigen?

Die Tür zum Bad war nur angelehnt. Susanne machte sich nicht die Mühe anzuklopfen. Entschlossen stürmte sie hinein – und blieb abrupt stehen, als wäre sie gegen eine Wand gelaufen.

In der Badewanne saß Nina. Klaus saß am Rand, nur spärlich bekleidet, und wusch seine Tochter.

Zwischen den Beinen.

Das zutiefst verstörte, angstvolle Gesicht der Kleinen genügte Susanne.

„Hal-lo", lallte Klaus, offensichtlich ziemlich betrunken. „Willsu dich ssu uns geselln?"

Susanne sprach kein Wort. Sie stürmte erneut los, auf Klaus zu, packte ihn mit beiden Händen vorn am Unterhemd und schleuderte ihn mit einer Kraft, die sie sich selbst nie zugetraut hätte, von der Badewanne weg. Klaus, völlig überrascht, leistete keinen Widerstand und wirkte wie ein nasser Sack. Er wurde durch die Wucht des Stoßes noch ein ganzes Stück fortgerissen und prallte mit dem Kopf unsanft an den Türrahmen.

„Au", sagte er verblüfft und fiel hin wie ein toter Krebs.

„Mami...", erklang Ninas leise, brüchige Stimme aus der Badewanne. Sie hockte zitternd im Wasser, als wäre es abrupt eiskalt geworden, und hatte die Armen vor der schmächtigen Brust gekreuzt, an der sich kaum zwei zarte Wölbungen zeigten.

Susanne riss das Handtuch vom Haken, die Halterung gleich mit, und warf es Nina um die Schultern. Dann zog sie sie hoch und in ihre Arme.

„Es ist alles gut, mein Schatz! Mein armer Liebling!", flüsterte sie, während sie das zitternde Mädchen in das

Tuch hüllte und aus der Wanne hob. „Du brauchst keine Angst mehr zu haben, Papi wird das nie mehr tun, ich verspreche es dir.

Halb trug, halb zog sie das Kind in Windeseile an Klaus vorbei, der gerade wieder zu sich kam, den Kopf schüttelte und versuchte, sich aufzurichten.

Nina schrie angstvoll auf, als ihr Vater plötzlich nach ihrem Knöchel griff. „Du bleibs da!", grölte er. „Wir sin noch nich fertich, jetz machen wir..."

„Lass sie sofort los!", kreischte Susanne und trat instinktiv mit dem Fuß gegen seine Hand.

Klaus fuhr zurück, stieß ein zweites Mal mit dem Kopf an den Türrahmen und sackte erneut zusammen.

Susanne rannte unterdessen mit der schluchzenden Tochter nach oben. „Schnell in dein Zimmer", sagte sie. „Am besten setzt du die Kopfhörer auf und hörst Musik, ja? Dann wirst du das alles ganz schnell vergessen."

„Ich kann nichts dafür, Mami...", weinte Nina.

Susanne hatte das Gefühl, sich jeden Moment übergeben zu müssen. „Natürlich nicht", stieß sie mühsam hervor. „Mami hat dich lieb. Ich komme nachher, und dann singen wir zusammen unser Lied. Keine Angst. Alles wird gut." Voller Sorge, dass Klaus ihnen bereits auf den Fersen war, schubste sie das Mädchen ins Zimmer, schloss ab und verstaute den Schlüssel in ihrer Hosentasche.

Dann raste sie die Treppe hinunter und fand Klaus im Wohnzimmer, wo er sich gerade einen hinter die Binde kippte.

„Du verdammtes Dreckschwein!", brüllte sie außer sich. Ihr Gesicht war leichenblass vor Ekel. „Ich trete einem Verein zum Schutz der Kinder vor solchen Verbrechen bei, und unter meinem eigenen Dach geschieht genau das! Pack deine Koffer und hau ab! Jetzt sofort!"

Klaus setzte die Flasche ab und betrachtete sie aus alkoholisierten, seltsam funkelnden Augen. „Nun mal langsam, Frau Teubner", sagte er betont und bemühte sich sichtlich, nicht zu sehr zu lallen. Er schwankte, was ihn jedoch nicht hinderte, noch einen Schluck aus der Flasche zu nehmen, bevor er weiterredete. „Darf ich dich darauf aufmerksam machen, dass das nicht dein Dach ist? Es ist meins, und ich kann hier tun und lassen, was ich will. Außerdem – hab dich nicht so. Es ist ja gar nichts passiert. Wir haben ein bisschen gespielt! Nina mag es, wenn ihr Papi sie wäscht…"

„Sei still!", schrillte Susanne. „Du Lügner, du Schwein! Seit einem halben Jahr bist du arbeitslos, aber du hast es niemandem gesagt! Du spielst hier den großen Herrn, dabei bist du nur dauernd besoffen – und vergreifst dich sogar an deiner eigenen Tochter! Wie abartig und pervers bist du eigentlich?"

„So lasse ich nicht mit mir reden!", schrie Klaus zurück. „Du hast kein Recht, überhaupt kein Recht, so mit mir zu reden, du heuchlerische Schlampe! Für wen hältst du dich eigentlich? Für Mutter Teresa, hä? Warte, dir werd ich dein freches Maul stopfen, dann werden deine Schüler aber Augen machen, wenn sie dich sehen!"

189

Er torkelte auf Susanne zu, die ihm auswich und in Richtung Küche floh. Von dort aus könnte sie schnell das Telefon in der Diele erreichen, um die Polizei anzurufen.

Aber trotz seines Rausches war Klaus immer noch erstaunlich schnell. Er hatte sie mit wenigen Sätzen eingeholt und versetzte ihr mit geballter Faust einen Schlag ins Gesicht, der sie knapp neben der Nase traf. Susanne wurde herumgerissen, gegen die Anrichte geschleudert und stürzte dann zu Boden. Stöhnend blieb sie liegen, die Hand auf die Rippen gepresst. Aus ihrer Nase lief Blut, ebenfalls aus einer kleinen Platzwunde an der Oberlippe.

Drohend erhob sich Klaus über ihr, angespannt wie ein wütender Stier. In seinen Augen leuchtete kalte Freude über ihren Schmerz und ihre Angst.

„Wenn du noch mal aufstehst und mich anschreist, mach ich dich alle, das schwör ich dir", keuchte er. „Lang genug hab ich mir alles von dir gefallen lassen, aber jetzt werden hier andere Saiten aufgezogen! Ich war früher noch viel zu sanft zu dir!"

Zur Unterstreichung seiner Worte trat er ihr noch einmal kräftig in den Magen, und Susanne krümmte sich kläglich wimmernd zusammen. Tränen stürzten aus ihren Augen, und für ein paar Sekunden sah sie nur noch Schwarz.

„Alle seid ihr Schlampen, jawoll, sobald eure Titten anfangen zu wachsen!", grölte Klaus, während er ins Wohnzimmer zurück torkelte und nach seiner Flasche griff. „Wollt einem Mann die Ehre nehmen, die Macht über alles bekommen und ständig Vorschriften erlassen! Aber der Mann is der Herr, das war schon immer so, und wenn ihr das nich freiwillig kapiern wollt, dann muss man's eben in euch reinprügeln!" Er setzte die Flasche an die Lippen und nahm einen tiefen Zug.

„Nina!", rief er dann mit ganz veränderter, gurrender Stimme. „Komm runter, Schätzchen! Die Party geht doch erst los! Komm, dein Papi will dir was Schönes zeigen... ein ganz neues Spiel. Komm zu Papi, Kleines, komm auf meinen Schoss..."

Diese abstoßenden Worte und die widerlich süße, schleimige Stimme drangen langsam in Susannes Bewusstsein, und sie wurde wieder klarer. „Lass... sie... in Ruhe...", stieß sie abgehackt, mit schwacher Stimme hervor.

„Halt's Maul, Schlampe", kam es zurück. „Du bist ein langweiliges, frigides Aas, und irgendwo muss ich schließlich damit hin, oder? Weißte, im Grunde hast du mich erst drauf gebracht... Das is doch Tradition, schon seit Jahrtausenden... has du gesagt..."

Mühsam richtete sich Susanne auf. „Ich... sagte... lass sie... in Ruhe...", keuchte sie.

Schräg zwischen den Türöffnungen hindurch konnte sie Klaus herumtorkeln und trinken sehen. Er war inzwischen stockbetrunken, hatte sein Unterhemd vollgesabbert und die Hose geöffnet. Er grinste hämisch, in seinen Augen flackerte die nackte Gier.

„Nina!", lockte er mit zuckersüßer, schwer belegter Stimme. „Nun komm schon runter, dein Papi ruft dich!

Du weißt, dass man seim Papi gehorchen muss!" Er setzte die Flasche an, trank und wartete ein paar Sekunden. Dann wurde seine Stimme um eine Nuance schärfer. „Wenn du nich bald komms, komm ich ssu dir rauf, Süßes, und dann muss ich dich leider bestrafn!"

„Hör auf!", flehte Susanne stöhnend. Sie war blutverschmiert, die Haare hingen ihr strähnig ins Gesicht, und ihre Augen waren trüb vor Pein. Stechender Schmerz raste durch ihren Kopf, und die geprellten Rippen hämmerten hart gegen ihre Brust. Ihr Magen schien sich in einen Stein verwandelt zu haben. Mit einer fahrigen Geste wischte sie das Blut von Mund und Nase, streifte die rote Spur an ihrer Hose ab. Sie hatte einen rostigen Geschmack im Mund und es kostete sie Mühe, sich nicht zu übergeben.

Klaus kam in die Küche zurück und lachte abfällig. „Meine Güte, wie lächerlich du aussiehst! Meine kleine Betschwester spielt die Tante von Rambo!" Er kreischte vor Lachen und schlug sich auf die Schenkel.

„Weißte was?", fuhr er dann maliziös fort. „Zuerst besorg ich's dir, und dann ihr, was hältste davon? Und dann besorgt ihr beide es mir!" Begeistert klatschte er in die Hände und drehte sich um. „Ja, so machen wir's! Ich werd's Nina gleich sagen und sie runterholen... damit sie mir einen runterholen kann!" Er wieherte erneut über so viel Wortwitz und wollte loslaufen. Doch betrunken, wie er war, verfehlte er die Schwelle beim ersten Mal und blieb an der Tür hängen. „Nee, Moment", brabbelte er kichernd.

„Ers noch 'n Schluck sur Stärkung." Er trank gierig und in tiefen Zügen. „Jetz aber", erklärte er anschließend. „Nina! Dein Papi kommt! Jetz zeig ich dir was Schönes!"

Rasende Angst stieg in Susanne auf. Sie wusste genau, dass Klaus Ernst machen würde. Die Tür war zwar abgesperrt, aber das würde ihn sicher nicht aufhalten. In diesem Zustand war er zu allem fähig. Vermutlich machte ihn das erst recht zornig, und er fiel womöglich sofort über seine Tochter her, um ihr Gewalt anzutun... sie zu verprügeln und zu vergewaltigen...

„Nein", flüsterte Susanne. Mit übermenschlicher Anstrengung, den Schmerz nicht beachtend, schaffte sie es, auf die Knie zu kommen. „Du kommst nicht rein, weil ich abgeschlossen habe..."

Diese Worte durchdrangen den Alkoholnebel in Klaus' Verstand. Er drehte sich zu ihr um. „Du has was?", fragte er. „In meim Haus werden keine Türn abgeschlossn, is das klar? Gib mir sofort den Schlüssel!"

„Ich hab ihn weggeworfen..."

„Du lügst!", schrie er. „Aber das macht nix, tret ich eben die Tür ein. Wenn diese kleine Nutte meint, sie kann ihrn Papi aussperrn, werd ich ihr jetzt mal 'ne anständige Lektion in Gehorsam erteiln! Und dann werd ich sie..."

Susanne bäumte sich auf. Ihre Finger tasteten haltsuchend über die Arbeitsplatte – und erwischten zufällig den Griff des großen Küchenmessers. Ganz automatisch und unbewusst schlossen sich ihre Finger um den Griff, während sie sich gleichzeitig hochstemmte.

Jetzt ertönte ein lauter Schrei, den sie zu ihrer Verwunderung aus ihrem eigenen Mund hörte.

„NEIN!"

Immerhin hielt es ihn erneut zurück. Das widerwärtige, sabbernde Wesen, das sich jetzt wieder zu ihr umwandte, hatte jedoch nichts mehr mit einem Menschen gemein. Es sah auch nicht mehr wie ein Mensch aus – völlig heruntergekommen, perversen Wahnsinn in den Augen.

„Das darfst du nicht tun!", bettelte sie. „Lass Nina in Ruhe!"

Er glotzte einen Moment blöde, dann verdüsterte sich sein Gesicht. „Ach, du willst mir immer noch Vorschriften machen? Na warte!" Mit erhobener Faust stürmte er auf sie zu.

Susanne konnte dem Hieb nicht schnell genug ausweichen; er traf sie mit voller Wucht in den Magen und trieb ihr die Luft aus den Lungen. Mit einem erstickten Schrei stürzte sie wieder zu Boden. Ihre Hand umklammerte immer noch das Messer, während sie jetzt direkt vor seinen Füßen auf dem Rücken lag.

Mit einem teuflischen Grinsen beugte er sich über sie. „Du wagst es, ein Messer gegen mich zu erheben? Jetzt mach ich dich kalt, du Nutte, Stück für Stück!", keuchte er drohend. Er sprach auf einmal sehr deutlich, ohne zu lallen. In seinen Augen stand blanker Hass – und noch etwas anderes. Mordlust! Er redete nicht mehr wie ein Betrunkener, sondern er meinte es tödlich ernst. „Und zwar ein für alle Mal, damit ich endlich meine Ruhe habe.

Und gleich danach nehme ich mir Nina vor. Ich werde sie zu meinem kleinen Mädchen machen, das mir niemals widerspricht und mir alle Wünsche erfüllt. Und niemand wird mich daran hindern."

Seine Hand schoss auf sie zu. Susanne trat in ihrer Todesangst laut schreiend um sich, während sie verzweifelt versuchte, von ihm wegzukommen. Zufällig erwischte sie Klaus mit einem Fußtritt direkt am Knie. Er wankte und verlor das Gleichgewicht. Da er auf sie zu fallen drohte, riss sie die Hände hoch, um ihn abzuwehren. Und wie von selbst drang das scharfe Küchenmesser, das sie immer noch krampfhaft in ihrer rechten Hand hielt, tief in Klaus' aufgeschwemmten Körper ein. Er hatte sich praktisch selbst in das Messer gestürzt.

Klaus gab einen erstaunten, gurgelnden Laut von sich, als er direkt neben Susanne auf dem Boden landete. Doch bevor sie von ihm wegkriechen konnte, erwischte er sie an den Haaren, riss ihren Kopf herum und umschloss mit der linken Hand ihre Kehle. Dann drückte er erbarmungslos zu.

Susanne spürte, wie ihre Luftröhre abgeschnürt wurde. In panischer Todesangst stieß sie ein zweites Mal mit dem Messer zu – und noch einmal, bis sich der tödliche Griff um ihre Kehle endlich lockerte...

Irgendwann war es vorbei. Klaus regte sich nicht mehr. Er lag auf dem Küchenboden, in einem Meer von Blut, die blicklosen Augen starr zur Decke gerichtet. Neben ihm krümmte sich Susanne zusammen, hustete und rang röchelnd nach Luft; ihre Arme umklammerten ihren Leib.

Nur langsam wurde ihr Blick wieder klarer, und sie begriff, wo sie war. Sie war über und über mit Blut bespritzt, merkte es aber gar nicht. Alles kam ihr jetzt vor wie ein böser Traum. Es war, als liefe ein Film vor ihren Augen ab, auf den sie keinen Einfluss hatte.

Mühsam kroch sie auf allen vieren durch die Küche zur Diele, griff nach dem Telefon und wählte die Nummer der Polizei.

„Hallo?", sprach sie dann mit seltsam hölzerner, ihr völlig fremder Stimme in die Muschel. „Hier ist Susanne Teubner. Bitte kommen Sie schnell. Es ist etwas Schreckliches geschehen." Sie gab die erforderlichen Daten durch und legte auf.

Dann öffnete sie die Haustür, ließ sie weit offen und setzte sich nach draußen auf die Treppe.

Wie in Trance wartete sie auf die Polizei, die bald darauf mit heulenden Sirenen eintraf.

14

Susanne kam so schnell nicht wieder zu sich. Sie war noch immer wie betäubt. Die ganzen folgenden Wochen, während der Verhöre und der Gespräche mit dem Anwalt, hatte sie das Gefühl, neben sich zu stehen und einer Fremden zuzuhören.

Ihre Tat leugnete sie nicht. Der genaue Tathergang war zu diesem Zeitpunkt aus ihr nicht herauszubringen, denn sie stand noch zu sehr unter Schock.

Zum Glück hatte Nina von dem schrecklichen Geschehen nichts mitbekommen. Wie ihre Mutter ihr befohlen hatte, hatte sie die Kopfhörer aufgesetzt und Musik gehört – und hatte sich bald aus Kummer in den Schlaf geflüchtet.

Marlies beauftragte den Familienanwalt, der ein alter Freund ihres verstorbenen Mannes war, Susanne zu vertreten. Marlies hatte dies ganz selbstverständlich getan, wie sie auch Susannes Kinder unter ihre Obhut genommen hatte, ohne die Schwiegertochter zu fragen. Susanne ließ alles mit sich geschehen und war der Schwiegermutter sogar noch dankbar dafür. Sie hatte momentan keine Kraft, die Dinge selbst in die Hand zu nehmen.

Dem Anwalt erzählte sie schließlich alles. Sie wusste inzwischen auch wieder, dass es Notwehr gewesen war, denn sie hatte sich und ihr Kind verteidigen müssen. Wenn sie das nicht getan hätte, hätte ihr Mann sie mit Sicherheit umgebracht – um sich dann an seiner Tochter zu vergehen und sie möglicherweise auch umzubringen.

„Natürlich wäre es ein großer Pluspunkt, wenn Nina aussagen würde", sagte der Verteidiger bei einer Unterredung kurz vor der Verhandlung. „Aber bedenken Sie bitte die Folgen. Ihre Tochter ist erst 12 Jahre alt und wäre gezwungen, in der Öffentlichkeit alle schmutzigen Details preiszugeben – und die sicherlich harten und peinlichen Fragen des Staatsanwaltes zu beantworten. Sie tun damit dem armen Kind nach so einem schlimmen Erlebnis wahrhaftig nichts Gutes. Die zarte Seele eines so jungen Mädchens würde mit Sicherheit Schaden nehmen."

Susanne brauchte nicht lange überlegen, um ihm zuzustimmen. Sie musste ihr Kind auch weiterhin schützen. Und die Fakten waren ihrer Ansicht nach so eindeutig, dass Ninas Aussage eigentlich nicht notwendig war.

„Für heute sind wir dann fertig. Ich muss weg, ich habe noch einen anderen Termin", schloss der Anwalt. „Ich werde Sie einen Tag vor der Verhandlung noch einmal aufsuchen, um Ihnen meine Strategie darzulegen und Sie auf die Aussage vorzubereiten. Machen Sie sich nicht zu viele Sorgen, Frau Teubner. Ich werde mein Bestes geben."

Nachdem er gegangen war, kam Marlies Teubner in den Besucherraum. „Ich wollte dir nur sagen, dass es den Kindern gut geht", sagte sie.

„Haben sie nach mir gefragt?", erkundigte sich Susanne. Sie fühlte, wie zum ersten Mal seit der Verhaftung die Tränen in ihr hochstiegen. Sie hätte alles darum gegeben, ihre Kinder für ein paar Minuten in den Arm nehmen zu dürfen und ihnen zu sagen, dass alles wieder gut werden würde.

„Natürlich. Ich kann sie auch nicht belügen, denn dein Fall geht durch die ganze Presse, und an den Schulen wissen sie natürlich Bescheid. Aber sie tragen es ganz gut, und bisher sind sie wohl auch nicht von ihren Mitschülern dumm angeredet worden." Marlies gab sich unpersönlich wie immer, in ihrer Miene regte sich nichts. Die Trauer um ihren Sohn war ihr nicht anzusehen, sie trug nicht einmal schwarze Kleidung.

Ihr Haar war inzwischen grau geworden, und sie trug es kurz. Sie hatte noch mehr an Fülle zugelegt, aber ihr hartes, energisches Gesicht zeigte kaum Falten, und ihre hellen kalten Augen waren klar wie stets.

„Hast du Tina endlich erreicht?" Aus dem Untersuchungsgefängnis durfte Susanne nicht ins Ausland telefonieren, und sie hatte Marlies Teubner darum gebeten, ihre Freundin in Amerika anzurufen und über alles zu informieren.

„Nein, bisher nicht", antwortete Marlies. „Deine Freundin scheint beim Film sehr beschäftigt zu sein. Vielleicht stimmt ja auch die Nummer nicht."

„Doch, Tina hat sie mir damals aufgeschrieben." Susanne hatte die Telefonnummer allerdings nie ausprobiert. Sie hatte sich wegen ihres Verhaltens zu sehr geschämt. Aber sie hatte Tina einen langen Brief geschrieben,

199

in dem sie um Verzeihung bat und sich bedankte, dass Tina ihr überhaupt ihre Adresse mitgeteilt hatte. Danach hatten sie sich gegenseitig nur noch hin und wieder eine Karte geschrieben. Tina war beschäftigter denn je. Sie hatte es tatsächlich geschafft, im Filmgeschäft Fuß zu fassen.

Susanne hätte alles darum gegeben, wenn Tina jetzt hier gewesen wäre.

„Dann kann man eben nichts machen", fuhr sie enttäuscht fort. „Bitte, versuch es weiter, ja?"

„Wenn ich Zeit habe. Ich kann nicht ständig für dich tätig sein."

„Ja, das verstehe ich natürlich. Marlies, bitte richte den Kindern viele Grüße von mir aus, und dass wir uns bald wieder sehen werden", bat Susanne.

„Ich muss jetzt gehen." Marlies erhob sich. „Wir sehen uns dann bei der Verhandlung wieder."

Marlies Teubner traf den Anwalt wie verabredet vor dem Untersuchungsgefängniss. Dort hatte er auf sie gewartet.

„Nun?", fragte sie. „Wird sie Nina aussagen lassen?"

„Nein. Meine Argumente haben sie überzeugt."

„Das ist gut." Marlies lächelte zufrieden. Es war ein grausames, kaltes Lächeln. „Haben Sie übrigens dafür gesorgt, dass Susanne keinen Kontakt zu ihrer Freundin aufnehmen kann?"

„Telefonieren ist ihr verboten, und Briefe werden abgefangen", antwortete der Anwalt. „Es war kein Problem für mich, jemanden zu finden, der das erledigt."

Marlies wirkte erleichtert. „Diese Tina ist der einzige Mensch, der mir in die Quere kommen könnte. Zum Glück ist sie weit weg. Ansonsten hat Susanne überhaupt keine Freunde mehr. Sie hat niemanden, der wirklich zu ihr steht."

„Natürlich wäre es überhaupt kein Problem, Ihre Schwiegertochter da rauszuholen", sagte der Anwalt. „Aber mit der Strategie, die ich mir zurecht gelegt habe, wird sie mit Sicherheit wegen Mordes verurteilt, ohne dass ich wegen Pflichtverletzung belangt werden kann. Sie glaubt natürlich weiterhin, dass ich ganz in ihrem eigenen Interesse handle. Es läuft also alles ganz so, wie Sie es wünschten, Frau Teubner."

„So muss es auch sein!", zischte Marlies. „Wir müssen für Gerechtigkeit sorgen! Sie hat meinen Sohn auf dem Gewissen, und dafür muss sie zahlen! Sie glauben ihr die Geschichte doch wohl nicht?"

„Nun, ich habe zwar Nina nicht dazu befragt, aber..."

„Sie haben doch Klaus gekannt! Er wäre niemals zu so einer schmutzigen Tat fähig gewesen. Susanne hat sich das nur ausgedacht, um wie üblich anderen die Schuld in die Schuhe zu schieben. – Aber diesmal kommt sie damit nicht mehr durch! Sie hat ihre letzten Lügen von sich gegeben, darauf können Sie Gift nehmen!" Marlies Teubners Augen loderten vor Rachedurst. „Sie hat mir mein einziges Kind genommen und ermordet. Dafür gibt es nur eine gerechte Strafe – und, bei Gott, die soll sie bekommen!"

Susannes Prozess fand nicht unter Ausschluss der Öffentlichkeit statt. Allerdings kamen nur die üblichen Leute, die auch sonst den Verhandlungen bei Gericht folgten. Entweder, weil sie nichts zu tun hatten, oder weil sie etwas lernen wollten. Die Presse hatte sich überhaupt nicht mehr eingefunden. Anfänglich hatte es zwei kurze Radio-, eine Fernseh- und drei Pressemeldungen gegeben, das war aber auch schon alles.

Bereits zu Beginn des Prozesses war Susannes Fall uninteressant geworden, da sich in der Welt draußen spektakulärere Dinge getan hatten. Verschiedene Politiker- skandale im europäischen Ausland und internationale Anschläge fanatischer Muslime brachten ausreichend Schlagzeilen.

Die Dauer des Prozesses zog sich in die Länge, was ganz normal war. Anklage und Verteidigung brauchten ihre Zeit, bis sie alle Fakten und Beweise vorgetragen hatten, und einige Zeugen waren ebenfalls von beiden Seiten geladen worden.

Die ganze Zeit über saß Susanne in Untersuchungshaft. Obwohl bei ihr wegen ihrer Kinder keine Fluchtgefahr bestand, blieb sie eingesperrt. Weder durfte sie hinaus, noch durften ihre Kinder sie besuchen. Sie war inzwischen ziemlich abgemagert und blass geworden, aber sie hegte weiterhin die Hoffnung, dass sie freigesprochen würde. Nach wie vor erlebte sie alles wie durch einen Nebel, als wäre sie in einem bösen Traum gefangen, aus dem sie eines Tages erwachen würde.

Wie aus weiter Ferne hörte sie sich selbst immer wieder bereitwilligst auf alle Fragen antworten, und immer mit einer Stimme, die ihr erschreckend fremd vorkam. Sie erwähnte bei ihren Aussagen Nina kein einziges Mal.

Sie wies mit aller Entschiedenheit die Anschuldigung zurück, die Tat geplant zu haben. Immer wieder betonte sie, sie habe unter Schock gestanden und habe ihr Leben verteidigen müssen.

Ihre Verletzungen waren inzwischen natürlich verheilt. Durch einen – nicht nachweisbaren – Verfahrensfehler hatte man seinerzeit keine ärztliche Bestandsaufnahme ihrer Wunden gemacht. Sie war so über und über mit Blut besudelt gewesen, dass man es möglicherweise deswegen übersehen hatte. Im Nachhinein war Susannes Bericht über ihre Verletzungen im Gesicht, die geprellten Rippen und die Tritte in den Bauch nicht mehr zu beweisen. Auch ihr Schockzustand war nicht ärztlich dokumentiert worden. Lediglich der verhörende Beamte hatte eine Notiz gemacht, als er merkte, dass er mit seinen Fragen nicht mehr weiterkam.

Wieder und wieder musste Susanne dieselben Fragen beantworten. Für den Staatsanwalt, den Verteidiger, den Richter. Sie tat es geduldig, ohne erkennbare Emotionen. Sie verstrickte sich nicht in Widersprüche und blieb bei ihrer Behauptung, in Notwehr gehandelt zu haben. Den ganzen Prozess über verhielt sie sich mustergültig.

Weil sie fest daran glaubte, dass ihr Anwalt alles für sie tat, merkte sie überhaupt nicht, dass er in Wirklichkeit gegen sie arbeitete. Er war Profi. Geschickt drehte er alles so hin, dass der Staatsanwalt leichtes Spiel mit ihr hatte.

Susanne war eine gebildete Frau, aber sie hatte einfach nicht damit gerechnet, dass Recht nicht der bekam, der im Recht war, sondern viel eher derjenige, der es kaufen konnte. Und das war nun einmal Marlies.

Aber das sollte sie erst sehr viel später erfahren.

Wieder einmal wurde Susanne um ihr Vertrauen in die Menschen betrogen. Sie hatte in ihrem ganzen Leben nie jemandem etwas Böses gewünscht und war immer für alle da gewesen, doch das zählte jetzt alles nicht mehr. Sie erhielt die Kündigung ihrer Schule noch vor Beendigung des Prozesses. Ihr Kollege und Freund Werner besuchte sie nur ein einziges Mal im Gefängnis und blieb dann auch weg.

Erneut wollte Susanne die Wirklichkeit nicht wahrhaben. Sie wollte nicht einsehen, dass andere ihren Beteuerungen argwöhnisch gegenüber standen. Doch weil sie so viele Jahre lang geschwiegen hatte, wollte niemand so recht an das Martyrium ihrer Ehe glauben. Sie waren sich vielleicht nicht ganz sicher, ob Susanne wirklich eine kaltblütige Mörderin war. Tatsache war aber, dass sie einen Menschen getötet hatte – und zwar ohne ersichtlichen Grund. Weil sie sich aber so hartnäckig dagegen gewehrt hatte, sich jemandem anzuvertrauen, hielten die

meisten ihre jetzigen „nachträglichen" Erklärungen für
Ausreden. Insofern hatte ihr Anwalt wahrhaftig leichtes
Spiel mit ihr.

Erst, als Susanne das Urteil hörte, schien sie endlich auf-
zuwachen und zu begreifen, dass sie betrogen worden war.
Sie verlor die Fassung, sprang im Gerichtssaal auf und
schrie verzweifelt um Gerechtigkeit, doch da war es bereits zu spät.
Der Richter war unerbittlich in seiner Begründung:
„Lebenslange Haft wegen Mordes ersten Grades..."

Diese Worten hallten in Susanne nach, während die Welt
um sie herum verblasste. Das, was angefangen hatte zu
bröckeln, war nun endgültig zerstört. Ihr ganzes Leben
lag in Scherben von ihr.
Das Urteil bedeutete, dass ihre Kinder ohne sie aufwachsen mussten. Er bedeutete ferner, dass man sie für eine
reuelose, kaltblütige Mörderin hielt.
„Bitte, das ist alles ein schrecklicher Irrtum!", schrie sie
voller Angst. „Ich habe doch erklärt, dass es Notwehr war,
dass ich mich und die Kinder verteidigen musste!"
Aber niemand hörte ihr mehr zu.
Niemand – außer den Kindern. Von der anderen Seite
des Gerichtssaals erklang eine dünne Kinderstimme:
„Mami!"
Das war der kleine Martin, der verzweifelt versuchte zu
begreifen. Neben ihm seine große Schwester, die ihn an

205

der Hand hielt. Beide waren leichenblass, die Kinderaugen weit aufgerissen, voller Angst und Verständnislosigkeit.

„Mami, warum kommst du nicht?"

Kräftige Hände packten Susanne an den Armen und führten sie ab. „Es ist alles nur ein Irrtum, Schatz, ich komme bald!", rief sie verzweifelt über die Schulter. „Habt keine Angst, meine Kleinen, bald sehen wir uns wieder! Bald schließe ich euch wieder in meine Arme, ich verspreche es euch! Alles wird gut!"

Dann schloss sich die Tür hinter Susanne Teubner und trennte sie von ihrer Familie, der Welt und der Freiheit.

Und für eine Weile glaubte sie auch daran, dass es für immer sein würde. Für eine Weile schien sie gebrochen zu sein, schienen ihre Kräfte sie nach all den auszehrenden Jahren endgültig verlassen zu haben.

Doch in Wirklichkeit schlummerten sie nur und mobilisierten neue Reserven.

Tief in ihrem Herzen war Susanne Teubner eine Kämpferin. Eines Tages würde sie so weit sein, den Kampf um ihre Freiheit und gegen die erlittene Ungerechtigkeit wieder aufzunehmen.

Doch bis dahin war es noch ein langer und steiniger Weg, der damit begann, dass sich die vergitterten Türen ihrer neuen „Heimat", des Frauengefängnisses Reutlitz, hinter ihr schlossen.

Die Witwe Franziska, deren Mann ihr zwei Söhne im jugendlichen Alter und einen kleinen hochverschuldeten Verlag hinterlassen hat, tut alles, um sich in der neuen Situation zurechtzufinden. Doch ihre beiden Söhne wollen nicht ganz so, wie Franziska es will. Trotz der vielen Schwierigkeiten weist Franziska Hilfe von außen zurück. Dies muß auch Max, der neue Nachbar und Psychologe erfahren, der gerade in die Villa gegenüber eingezogen ist. Max verliebt sich in Franziska und kümmert sich rührend um sie. Auch Franziska fühlt sich sehr zu Max hingezogen, kann jedoch nicht über ihren Schatten springen…

Liebe und weitere Katastrophen - Was nun?, Bd. 1

Liebe und weitere Katastrophen - Jetzt oder nie, Bd. 2

Trotz vieler Schicksalsschläge bleiben die Bande der Familie Gilbert und Amati eng miteinander verknüpft. Doch obwohl Michael seine Liebe zu Elena erkennt, und auch Maria längst in den Journalisten Franco Nardi verliebt ist, wagt es zunächst keiner die Ketten zu sprengen und auszubrechen…

In diesen drei Bänden können Sie die Geschichte beider Familien nachlesen und ihre Hoffnungen und Wünsche miterleben…

> Verwirrung des Herzens - Schicksalswege, Bd. 1
> Verwirrung des Herzens - Freundschaft oder Liebe, Bd. 2
> Verwirrung des Herzens - Die Entscheidung, Bd. 3
